会社法・証券法における分散台帳の利用

—デラウェア州会社法改正などを参考として
（令和元年 7 月 31 日開催）

報告者　小　出　　篤
（学習院大学法学部教授）

目　　次

金融商品取引法研究会出席者（令和元年 7 月 31 日）

会社法・証券法における分散台帳の利用
―デラウェア州会社法改正などを参考として

神作会長　まだお見えでない方もいらっしゃいますけれども、定刻になりましたので、ただいまから第10回金融商品取引法研究会を始めさせていただきます。

　本日は、既にご案内差し上げておりますとおり、小出篤先生から、「会社法・証券法における分散台帳の利用－デラウェア州会社法改正などを参考として」と題してご報告いただきます。

　それでは、早速ですが、小出先生、ご報告をよろしくお願いいたします。

［小出委員の報告］

小出報告者　ただいまご紹介いただきました、学習院大学の小出でございます。本日は、「会社法・証券法における分散台帳の利用」というテーマで報告をさせていただきます。

　お手元にあるレジュメはつい先ほどお送りしたもので、皆様には目次しかお送りしておりませんでした。しかも、お配りしたレジュメも最後のほうはキーワードだけになってしまっておりまして、ほとんど口頭で補わなければならない状況になっております。準備不足で大変申しわけございません。

　お手元のレジュメに沿ってお話しさせていただきます。

Ⅰ．はじめに

　まず、「はじめに」です。本日のテーマとする分散台帳というものですが、用語としては「ブロックチェーン」という言葉のほうが一般的かと思います。しかしながら、これもよく知られておりますが、ブロックチェーンは分散台帳技術の1つのタイプにすぎないというのが最近の共通理解になっていると思われまして、より一般的な表現としては分散台帳（distributed ledger）と

いう言葉が使われることが多くなっているかと思います。

　分散台帳は読んで字のごとく台帳ですので、本質的には情報を記録するシステムです。したがって、記録が求められる（あるいは記録が有用となる）さまざまな用途に応用が可能であると言えるかと思います。

　ここは証券法の研究会ですので、証券法・会社法に関係する分散台帳の応用ということでテーマを探していました。ちょうど2017年にアメリカの会社法のもっとも重要な法域であるデラウェア州において一般事業会社法（General Corporation Law）が改正されております。幾つかの改正がされていますが、そのうちの一部が会社法の分野での分散台帳の応用を可能にするものだと説明されております。

　ですので、本日は、この2017年のDGCLの改正について概観するとともに、それを契機にアメリカにおいて会社法・証券法にどのようなインパクトがあるのかについて、若干の研究が出ていますから、そういった研究で述べられていることについてお話ししたいと思います。

　その意味では、レビューにもなっていないレビューにすぎませんで、私自身の見解がほとんどありません。大変申しわけありませんが、話題提供ということでご承知いただければと思います。

Ⅱ．分散台帳とは何か

１．分散台帳とは何か

　次に、先生方もご承知のことかと思いますが、分散台帳について、簡単にどういうものかということだけ説明しておきたいと思います。分散台帳は、特定の中央サーバーではなくP２Pのネットワーク上で管理された記録になります。これが一般的な説明で、ネットワーク上において常に情報が同期されるところに特徴があります。

　通常の情報記録システムにおいては、一般的には中央の帳簿の管理者が一定の責任のもとで記録を書きかえていくわけですが、分散台帳においては中央管理者を必ずしも必要とせずに、ネットワーク参加者によるコンセンサス

によって記録が追加されていくというシステムをとっております。

　そうすると、たとえば権利者を記録していくような分散台帳では、いつ誰がどのような権利を有しているかというような記録が、高い透明性と即時性を持ってこのＰ２Ｐネットワークに参加している参加者に共有されうるという特徴を有しております。

　次のページの図は省略いたしますが、一番有名なものはビットコインにおけるブロックチェーンになります。この図はビットコインにおけるブロックチェーンを説明しているものです。詳細な技術的な説明は本日のテーマではありませんが、これでもわかるように、過去の取引に関する情報が、お互いに時点間を通じて連携する形でつながっているという特徴があります。

　こういった特徴は、例えばある物について、その物をＡさんからＢさんへ移転した、そしてＢさんからＣさんにさらに移転したというように、転々流通していくものの記録をする際には向いています。すなわち、あるものが転々流通していくことが記録されていく中で、例えばどこかの移転の記録が後で書きかえられてしまうと、現所有者への移転の連続性が失われてしまうわけです。しかし、分散台帳は、そういったことがないような記録ができるというところに特徴があるからです。

２．分散台帳の種類

　次のページです。現在、ブロックチェーン以外にもさまざまな分散台帳が登場してきております。大きな区分としては、ネットワーク参加者をどこまで認めるかというものがあります。

　ブロックチェーンのように「パブリック型」と呼ばれる分散台帳は、誰でもネットワークに参加可能です。逆に言うと、それは誰も管理していないとも言えるわけで、中央で責任を持って管理する主体が存在しないというタイプのものがまず１つございます。

　しかしながら、それは全ての分散台帳に共通の特徴というわけではなく、資料では「コンソーシアム型」と書いてありますが、一定の特定された者だ

けがネットワークに参加して管理を行うというものもあります。

　あるいは、ある単独の管理者が自分の管理下に複数の端末を置いて分散台帳のようなものを走らせるという「プライベート型」も、技術としては存在します。ただ、このプライベート型に関して言うと、要するに中央管理のシステムをこれまでの単独のメインフレームの代わりに複数の端末によるブロックチェーン技術を使って運用しているというだけの話ですから、いわゆる分散台帳の特徴である、複数の参加者に情報が同期される、あるいは透明性があるといった特徴を持っていないということになりますので、これは分散台帳として特に論ずる意味があるものとは思われません。

　次に、コンセンサスアルゴリズムによる分散台帳の区分もあります。本日のトピックとは直接には関連しないのですが、こういった複数のネットワーク参加者が存在するときに、どのような形で正当な情報が記録されていくのか、その正当性を担保するのはどういう仕組みなのかということについて、幾つかのメカニズムが存在しております。

　ビットコインについて言うと、いわゆるマイニングと呼ばれる一種の宝くじのような仕組み、ただ、宝くじではありますけれども、持っているコンピュータの処理能力によって当たる確率が上がるという宝くじによって、追加する権限を持つ者が決まっていくというシステムをとっています。

　他には、例えば Proof of consensus、すなわち信頼のある参加者が複数指定されて、それらの者の同意によって記録がされていくというシステムがあります。この場合、同意権限を有する参加者の1人の記録が仮に改ざんされたとしても、同意権限を有する参加者全員の記録を改ざんしないと、分散台帳上の記録は書きかえられないというメリットがあります。また、信頼されている参加者には情報が同期されるといった特徴も担保されています。

　プライベート型で、かつ Proof of consensus のコンセンサスメカニズムを採っている分散台帳は、特に金融業界のように、信頼できる者がネットワーク参加者であり、かつ高い信頼性が求められ、そして、誰にでも情報が公開されうるのでは困るという場合において、特に利用範囲が広いと指摘されて

4

いるところかと思います。

3．分散台帳の特徴

　以上が、分散台帳の技術についての簡単な説明です。分散台帳の特徴をもう一度確認しておきたいと思います。

　これまでの帳簿、データベースというものは、誰かが責任を持ってこれを中央で記録することが前提でありました。したがって、記録される情報がふえればふえるほど中央管理者のコストは増大する。そして、本質的に情報は中央管理者のプライベートなものとなり、中央管理者が特に開示するということをしない限り、管理者以外は当然これにアクセスできないということになっております。

　言い方を換えると、開示しようとする際には、中央管理者がコストをかけて情報を必要とする者に対して情報を伝達しなければならず、それには時間も手間もコストもかかるということになります。さらに、万が一、中央管理者が信頼できない者であった場合について言うと、記録を改ざんしたり、抹消したりすることがあり得るということです。

　しかし、分散型台帳については、設計次第ではありますけれども、以下の特質を持ち得るということで、中央管理型とは違います。まず、ネットワーク上での自動的な同期によって情報の連携・共有が図られること。それから、過去の全ての情報履歴が高い耐改ざん性を持って保存される。それらが低コストで実現されるといったところに特徴があると指摘されております。

　以上が、ブロックチェーンに関する説明になります。

Ⅲ．デラウェア州における動き

1．Delaware Blockchain Initiative

　続きまして、アメリカのデラウェア州の会社法における動きについて概観いたします。

　2017 年に、Delaware Blockchain Initiative と呼ばれるデラウェア州によ

る一連の取り組みの一環として、デラウェア州会社法の改正が行われました。この Delaware Blockchain Initiative は、2016 年 6 月に、当時の州知事の Jack Markell によって立ち上げが表明されたものであります。この取り組みは、別に会社法に限ったものではありませんで、デラウェア州においてブロックチェーンの応用を広く進めていくことを狙ったものでした。当時はスタートアップの小規模な企業だったらしいのですが、Symbiont 社という企業と提携した上で、当面の目標として、州の公文書のブロックチェーンによる管理や州の会社登記システムのブロックチェーン化などを目指して始まりました。

　しかしながら、公文書のブロックチェーン化については実現性もあるかと思いますが、会社登記システムのブロックチェーン化については、もちろん将来的には可能性はあるかもしれませんが、特にデラウェア州のように大変多くの会社が登記されており、しかも非常に高い安定性を持った運営が求められる州においては、これを、まだ必ずしも完全ではないブロックチェーン技術に置きかえるというのは、余りにもコストが大きいし、かつ失敗した場合の影響が大きいと認識されるに至りまして、その後、州知事が代わったこともあり、会社登記システムのブロックチェーン化に関しては、今は止まっていると聞いております。

　しかしながら、当初のプロジェクトの中には入っていないものも、可能なところでブロックチェーン化を進めていこうということは続けられました。その一つが、2017 年 7 月に成立した一般会社法（DGCL）の改正になります。この一般会社法の改正は、ブロックチェーンに関するものだけではありませんが、本日はブロックチェーンの利用を会社法において承認したと評価されている部分に絞ってお話しさせていただきます。

　ところでその後、Symbiont 社との提携は、2017 年の早い時期に終了したとニュースで報道されております。これで Delaware Blockchain Initiative は終わったのかと思われていましたが、昨年の 7 月になりまして、ＩＢＭとデラウェア州が新たに契約を締結し、今度はＩＢＭという世界的な巨大企業

をバックにつけて、引き続きブロックチェーンの推進を進めていく方針と聞いております。

　昨年、ＩＢＭがさまざまな取り組みについての計画を公表しておりまして、２つの優先的な課題がそこで挙げられております。

　第１の優先順位は、動産担保におけるＵＣＣファイリングにおいてブロックチェーンを用いるということです。第２の優先順位として、2017年７月のDGCL改正法案で可能になった株主名簿におけるブロックチェーンの実用化の取り組みをさらに進めていくということが挙げられています。法的な手当てはできたわけですが、技術的な対応も進めていこうということだそうです。

　そういうわけで、デラウェア州は、ブロックチェーン、分散台帳に対して非常に関心を持っているという状況があるようです。

２．2017年DGCL改正について

　具体的にどのような改正がなされたのかについて、お話をさせていただきます。俗にBlockchain Amendmentsと呼ばれているようですが、実はそれほど大きな改正ではありません。お手元にあるのは条文のコピーで、英語のものではありますけれども、今回のDGCL改正の中で、ブロックチェーンにかかわる部分だけを抜き出して改正条文を挙げております。

　幾つかの条文にわたっていますが、１ページ目の裏側のSection 5で改正されている219条（ａ）項、Section 6で改正された219条（ｃ）項、Section 7で改正された224条、主にこの３つの改正に大きな意義があると言われております（以下について、J. Travis Laster and Marcel T. Rosner, Distributed Stock Ledgers and Delaware Law, 73 Bus. Law. 319（2018）参照）。順番に見ていきたいと思います。

　まず、Section 5で改正された219条（ａ）項です。219条（ａ）項で改正された部分自体はわずかですが、重要な改正とされています。この219条（ａ）項は、もともと株主総会において議決権を行使できる株主のリストを総会の

10日前までにつくらなければいけないということを規定した条文です。この株主リストについて、旧条文では、株主名簿の作成に責任を有しているオフィサー（役員）がこれを作成しなければいけない、主語がそうなっていたわけです。その主語を変えて、会社がそういった株主リストをつくりなさいと改正されました。

このことの意味は、株主リストを会社内ではなく、会社外で作成・管理することを可能にしたものと説明されております。分散台帳は、その性質上、ネットワーク上で共有されている台帳になりますので、これは必ずしも会社の管理するサーバーの中で保管されているわけではありません。ですので、この改正によって株主リストの作成・管理において分散台帳の利用が可能であるということを示したものだということです。

続いて、Section 6で改正された219条（c）項です。219条（c）項は、もともとはstock ledger（株主名簿）についての規定ではありますが、過去の条文には株主名簿とは何かということについての規定がありませんでした。今回の改正では、株主名簿についての定義と、そこに記載するべき内容についての規定を設けています。

まず、株主名簿は会社によって、あるいは「on behalf of the corporations」、すなわち「会社のために」管理される記録と書いてある。つまり会社自身が管理しなくても、会社外において管理されてもいいのだということが強調されています。

それから、株主名簿は、「stockholders of record」―「記録株主」と訳してありますが、「名義株主」と言ったほうがいいのかもしれません―この記録株主の名前、住所、株式数、株式の全ての発行と譲渡が記録されるものであるという定義が書かれています。

ただし、今、私は「名義株主」と言いましたが、ここで言う株主名簿に記録するべきstockholders of recordとは一体どのような株主なのかということについては、会社法は言及しないという姿勢をとっています。すなわち、これは言葉だけを読むと、いわゆる名義上の株主のことと読めそうですが、

しかしそれが名義上の株主からたどっていって明らかになる実質の株主を含みうることを、この条文は決して否定しているわけではない、そこは解釈に委ねるということが説明されております。

他方で、会社が株主名簿に関与している、すなわち、少なくとも情報ネットワークの一部として入っていて、その情報を見られるということは必要であると言われております。すなわち、会社の関与外で株主が勝手に株主名簿と称する記録をつくって、そこにおける記録によって、会社法上の株主名簿の効果を得ようとしても、それはダメだということです。あくまでも会社、あるいは会社のために管理されたものであるということが必要です。

続きまして、Section 7 で改正された 224 条です。224 条は、株主名簿を含む会計帳簿や議事録など、さまざまな会社法上の会社の記録についての条文になります。もともと、会社の記録は合理的な時間内に明瞭に読むことのできる紙の形に変換可能であるような記録であることを求めている条文なのですが、今回の改正で、これらの会社の記録に分散台帳を利用することが可能であることをはっきりと書きました。先ほど来申し上げているように、社外でこういった会社記録を管理することを認めているのみならず、224 条の 4 行目になりますが、「one or more electronic networks or databases (including one or more distributed electronic networks or databases)」という表現がありまして、「分散電子ネットワーク」という表現をしておりますけれども、要するに分散台帳技術を使ってこういったものを管理するということを条文ではっきりと認めています。

さらに、会社の記録のうち、特に株主名簿において用いることができる記録について追加的な要件を定めたということが、224 条の 6 行目以下に掲げられていることになります。すなわち、ここで言う株主記録の電子的な利用ができるためには、以下の 3 つの追加的な要件を満たしている必要があります。

①は、先ほど見た 219 条も絡んできますが、株主総会で議決権を行使できる株主リストが、その株主記録から作成できなければいけない。それから、

株主検査権を行使できる株主のリストがそこから作成できること。

　②は若干特殊ですが、株式の内容についての情報がちゃんと記録されているということです。例えば、無券面株式である一部払込株式について、デラウェア会社法上はどの程度払い込みがされたのかとか、全部払込では幾ら払い込まれる必要があるのかということを記録する必要があるようですが、そういった情報についてもちゃんと株主名簿に書かれていなければならない。あるいは、株式担保に入っているかどうかについての情報も書かなければならないとか、共有株式における議決権配分の情報、議決権信託についての情報など、ある株式についての所定の記録が記載されている必要があると書かれています。

　最後の③は、株式の移転に関する規定（ＵＣＣ８編）に基づく株式の移転の記録がなされていることが掲げられております。このことの意味は後ほど申し上げますが、要するに無券面株式についてのみしかこのような分散台帳による株主記録の作成はできないということを意味していて、券面株式を発行している会社は分散台帳による管理はできないということを示した条文だと指摘されています。後でご説明したいと思います。

　あとは、若干細かい条文ですが、Section 11 で 232 条の改正もなされております。これは、電子的送信による通知（notice）についての条文です。この電子的送信については、分散台帳を通じた同期による方法も認められるということが明らかになりました。

　そのほか、お配りしたものに挙がっているほかの改正条文についても、通知の方法として必ずしもメールを送るとか、文書を送るという方法ではなく、分散台帳によって同期するという方法でも構わないというような改正がされております。「send」から「given」という言葉に変えられているのはそういう意味があるのだということです。

　さて、いろいろ申し上げましたが、全体として何をしたかったかというと、この DGCL では、株主名簿などの記録を分散台帳で管理することを認めております。先ほどお話ししましたが、株主名簿においては株式の発行も記録

されていきます。ということは、分散台帳上で株式を発行する、そして分散台帳上でその株式の移転を記録する、そして分散台帳上で株主を確定していく、そのようなことも可能になるということです。

　分散台帳で株式を発行するというのは具体的なイメージがつきにくかったのですが、ある文献によると、以下のような方法が考えられているということが挙げられていました。分散台帳上で株式を発行する場合、まず第1のブロックに何が記録されるのかという問題です。デラウェア州の会社登記では州会社局がまず取引のスタートになります。すなわち、定款を登記するわけですが、その定款において授権株式数が書かれています。

　第1のブロックは、デラウェア州会社局から会社に対してその授権株式数相当の株式を移転する、そういう取引が記録されるわけです。それが第1のブロックになります。そうすると、ある意味、会社が発行可能な株式はその定款を記録した州から引き継いで持っているということになるわけです。次いで、会社は新株発行のたびに、その「移転」された授権株式の中から都度都度会社から新株主に対して株式の「移転」をブロックに記録していく。新株発行においてはこういう形がとられることが想定されているようであります。

　このことの意味ですが、これによりまして、授権株式数を超えた新株発行とか、あるいは同じことかもしれませんが、授権株式を会社が二重利用するということが起きなくなる。必ず授権株式数の範囲内でしか株式が発行されません。しかも、もともとデラウェア州会社局に記録され、そこから会社へ付託された授権株式からしか発行される株式は発生していきませんし、これらの記録は分散台帳上で保管されていますので、このもともとの授権株式以外の株主、あるいは分散台帳以外のところに記録される株主が生ずるということはなくなる。したがって、完全な株主リストが作成されていく。こういうことが説明されております。

　なぜ州から会社へ、括弧つきの「移転」と書いてありますが、株式を移転するのかというのは、やや異例に思われるかもしれませんが、これは州が本

11

当に法的な意味での当初株主であるとか法的な譲渡をしているというわけではなく、授権株式数の範囲内で重複なく全株式が発行されていくことを分散台帳上で確保するための技術的な手当ということになります。

Ⅳ．分散台帳における株主名簿と株式の移転

１．分散台帳における株主名簿と株式の移転

　次ページです。仮に分散台帳において株主名簿を管理するとして、その場合について、株式の移転がどのように実行されるのかということについても若干触れておきたいと思います。

　先ほど申しましたとおり、デラウェア州においては、株式は投資証券の１つとなりまして、その権利の移転については Article 8 of subtitle 1 of Title 6、ＵＣＣ８編ですけれども、これが適用されることになっています。ＵＣＣ８編によると、株式の移転というのは delivery によるということになります。その場合、券面ある株式と無券面株式とで方法を分けております。券面ある株式については、原則として証券の交付によって行われる。無券面株式については、原則として発行者が購入者を登録所有者とする旨の移転登録を行う、要するに帳簿で移転登録を行うことによって行われると書かれております。

　それで、先ほどの 224 条における株式記録の要件の③と関係してきますが、この規定に従って株式の移転の記録をすることが、株主名簿を分散的台帳を含む電子的方法により記録することの要件であるということになっております。

　ということは、券面株式発行会社というのは、先ほどお話ししたように、そもそも株式の移転の記録が株主名簿上になされませんので、券面発行会社については、そもそも株主名簿を分散台帳を含む電子的方法によって記録していくための要件を満たさないということになります。したがって、今回のDGCL 改正に基づいて分散台帳化ができる株式名簿は、無券面株式しか発行していない会社ということになります。

なお、今、券面株式を発行している会社が無券面化するということは、デラウェア会社法においては取締役会決議のみで可能ではありますけれども、その効力が発生するには全ての券面が会社に提出される必要があるということで、実はこれは結構困難なことではないかと指摘されております（Wonnie Song, Bullish on Blockchain: Examining Delaware's Approach to Distributed Ledger Technology in Corporate Governance and Law and Beyond, Harvard Business Law Review Online, Volume 8（2017））。

　以上が、デラウェア州の会社法改正の概要になります。

２．分散台帳上の株主名簿の会社にとってのメリット

　実際、分散台帳上の株主名簿をもし会社が採用した場合、どのようなメリットがあるのかということに関し、さまざまな文献で言われていることについて、幾つかご説明したいと思います。

　まず１つは、証券決済にかかわってきたさまざまな中間業者を必要とせずに、直接的に株主から株主へ株式を移転することができることになります。この辺については後ほどより詳しくお話しします。きょうのテーマはここがメインであります。

　次に、例えば、特にベンチャー企業などにおいては、いわゆる cap table（資本政策表）を増資の都度都度つくっていくということが実務のようではありますけれども、これは実は結構困難な作業だとされております。しかしながら、このような分散台帳上での株式の発行がなされる場合について言うと、このようなものの作成と信頼性の担保、つまりちゃんと適切にそれをつくっているか、守っているかということも含めて、こういったものを作成することは非常に容易になると指摘されております。会社のほうで資本政策表を勝手にいじることもできませんので、非常に信頼性を持ったものがつくれると言われております。

　また、種類株式などを発行する会社においては、株式名簿とスマートコントラクトを組み合わせることによって、例えば転換条項や拒否権条項などを

忘れずに自動的に発動させるといったことも可能になるのではないかと言われております（Laster and Rosner, *supra* 参照）。

　ただ、下2つについては余り法律的な話ではないのかもしれませんので、きょうは一番初めのお話を中心にお話ししたいと思います。

３．他州の動向等

　今、デラウェア州の話を中心にお話ししましたが、このようなことは他州でも行われているようであります。網羅的ではありませんけれども、私がざっと見た限りでは、例えばここに挙がっているアリゾナ州、カリフォルニア州、ニュージャージー州、メリーランド州、ワイオミング州といったところで、条文の中身は若干違いますけれども、会社法の分野、特に会社法における記録において、ブロックチェーンを用いることを認めるといった立法がなされているようです。特にメリーランドとかワイオミングは、どうも会社法におけるデラウェア州的な地位を分散台帳の世界で狙っているとか、よく言われておりまして、随分進んだ取り組みをしているそうですが、詳細については了解しておりません。他州においても後を追うような動きはあるということです。

　さらに、デラウェア州においては、会社法が先行してはいますけれども、ＬＰ、ＬＬＰ、トラストなどについても同様の立法がなされてきているそうです。

　後半では、このことを踏まえて、特に株式名簿をブロックチェーン上において用いることの意義について検討していきたいと思います。

　そのための前提としては、米国において株式の証券決済がどうなされているのかということについて、これも先生方はご承知だと思いますけれども、そのことと、その問題点について、確認していきたいと思います。

Ⅴ．米国における証券決済の仕組み

1．米国における証券決済の仕組み

ご承知のとおり、米国においては、Depository Trust & Clearing Corporation（ＤＴＣＣ）を用いた証券決済が行われております。これは日本の今の保振とは違っておりまして、どちらかというとかつての株券保管振替に比較的近いのかもしれません。株券というものの存在を一応前提として、その株券を１つの大券としてＤＴＣＣが保管している。したがって、基本的に株券の所有者はＤＴＣＣですから、本来的にはＤＴＣＣが名義上の株主になるわけです。実際は、その名義はＤＴＣＣの子会社である Cede & Co. の名義になっているというのが通常のようであります。

しかしながら、このＤＴＣＣには一般投資家は口座を保有できませんで、ＤＴＣＣに口座を保有できるのは、カストディアンである銀行や、あるいはブローカー、証券会社などに限られております。したがって、実質的な株主は、大口機関投資家などは主にカストディアン、あるいは個人投資家やヘッジファンドなどはブローカー、証券会社を通じて株式を「保有」するわけですが、実質的な株主として誰が何株持っているのかという管理については、カストディアンあるいはブローカーが行っており、ＤＴＣＣや株式発行会社は、誰が実質株主かということは常に把握しているわけではないということになります。

では、把握できるのかという話ですが、発行会社がカストディアンあるいはブローカーのところへ行って「誰が実質株主か教えてくれ」と言ったとしても、教えてくれる場合もあるそうですが、カストディアン等はそれを発行会社に通知できない契約を当事者と結んでいることが多いようです。そのような場合だと、発行会社から実質株主にアプローチすることができない場合が多い。常にカストディアンかブローカーを通じて、いわば伝言ゲームのような形でアクセスするしかないということが指摘されております。

さらに、ＤＴＣＣは、先ほども申しましたとおり株券を保管していますが、

その保管している株券が、どの株券が誰のものなのかということについては特定されていない。すなわち、"fungible bulk" とか言われますが、特定性のないバルクとして保管しているのであって、この株券はＡさんのものだ、この株券はＢさんのものだという形で特定して管理しているわけではないということも、よく言われているところであります。

このような仕組みのもとでは、株式の決済は、カストディアン名義あるいはブローカー名義のＤＴＣＣにおける口座の増減と、さらにそれぞれのカストディアン、ブローカー内における各投資家の口座の増減を通じて行われることになります。

そうすると、ある投資家から別の投資家に対して株式を移転する場合には、取引から決済まで、こういった情報の流れを通っていく。すなわち、売主からカストディアンあるいはブローカー、そしてその上の Cede & Co. とＤＴＣＣ、そしてそこから買主側のカストディアン、ブローカーのもとに情報がきて、買い主のほうへ行くというように、すべての帳簿の情報を書き換えていくにはかなり時間がかかるということで、取引から決済までは今はＴ＋２になりますが、つい最近まではＴ＋３で、取引から３日後までなされなかったということです。

2．Dole Food Co. の株主代表訴訟について

このような状況のもとで起きた有名なというか、分散台帳との関係でいろいろな論文で指摘されているのが Dole Food Co. の株主代表訴訟（In re Dole Food Co. Stockholder Litig., 2017 WL 624843（2017））の話です。この事件の本論といいますか、対価の算定方法などの論点については日本でも別のところでよく紹介されていますが、今日はその論点は問題ではありません。

Dole Food Co. 事件においては、Dole 社をターゲットとした一段階取引合併による非上場化が行われたわけです。当初の条件では 2013 年 11 月 1 日に取引が完了し、Dole 株主には 1 株当たり 13.5 ドルの対価が支払われて追い出されるということになっていたわけです。この対価の支払いにおいては、

11月1日が取引完了日ですので、11月1日現在の名義株主はCede & Co.ですから、Cede & Co.に支払われ、ＤＴＣＣはこれをカストディアンなどに分配し、カストディアンあるいはブローカーがそれを実質株主に分配していく。そういう形で対価が分配されていきました。

　ところが、Dole株主がこの対価に対して不満を持ちまして、Doleの経営者（買収者）に対して株主代表訴訟を提起し、1株当たり2.74ドルを支払うということで和解がなされました。裁判所は、和解の執行に当たって、和解管理者を通じて権利ある株主に対して通知して、株主から請求を受け付けるということを行おうとしたのですが、和解管理者がそういうことをやろうとしたところ、11月1日現在で記録されている株式が3700万株のところ、4900万株分の請求がなされてしまったというのがこの事例になります。

　なぜこんなことが起こったのかという話ですが、11月1日現在の株主に対して2.74ドルが支払われるはずが、ＤＴＣＣの記録のもとでは、当時のＴ＋3のもとでは、10月30日、31日、11月1日と、最後の3日間の取引は反映されていないわけです。10月30日より前に売買がなされたものについては、もちろん名義株主を通じてになりますが、ＤＴＣＣに記録があります。しかし、Ｔ＋3のもとでは最後の3日間の取引は反映されていないわけです。しかしながら、こういった合併などの場合には多いことですが、この合併のようなアナウンスがあると、当然取引の量がふえますので、最後の3日間において、合計約3200万株の取引が行われていたと言われております。

　そうすると、11月1日現在の記録上の株主は10月30日より前の記録上の株主なわけですが、これらの者が権利行使をしてくる一方で、10月30日、31日、11月1日において株式を取得した実質株主も同様に自分も株主だということで権利行使をしてきたわけです。これが主な原因です。

　また、このDoleの事件では、Doleの株式に対する大量のショート取引も行われておりまして、貸株に充てられた株式の株主は、実はその時点では株式を持っていないはずですが、どの株式が貸株に充てられているのかはトレースできないために、自分はまだ株主だと信じ込んでいて、したがって権

利を行使してきた。実際にも、誰の株式が貸株に充てられているかというのはわからないわけです。このようなことも含めて重複した権利行使がなされるに至りました。

　ではどうしたかという話です。要は3700万株分しかありませんので、3700万株に対して、初めは直接的に請求してきた株主に対して会社から支払いを行うということが考えられていましたが、請求してきた株主のうち誰が本当に11月1日現在の株主なのか会社にはわかりませんので、結局、対価と同じようにCede & Co.から、11月1日現在の記録に基づいてカストディアン、ブローカーといったものを通じて、実質株主に分配されていくことになりました。

　この結論そのものはどうでもいいというか、本日のテーマではありませんが、特に注目されるのは、この事件が起きた原因としてLaster判事が記したコメントです。「これはDole固有の問題ではなく、我が国の証券決済システムの問題であって、実質株主を即座に特定できないことが、この原因になっている」。つまり、アメリカではどの会社でもいつでも起こり得る問題だという話です。さらに、Laster判事はこの中で「分散台帳というものが、こういったものへの有効な対処となり得る」ということまで述べておられます。

Ⅵ．米国における議決権行使の流れとそれに伴う問題

　同じような問題が議決権行使の場面でもあります。これもご承知のことだと思いますが、アメリカにおける議決権行使の流れも非常に複雑になっています。先ほどお話ししたようなＤＴＣＣシステムのもとでは、株主総会があるときは、まず発行会社はＤＴＣＣに対して今の株主は誰なのかという調査を依頼します。そうすると、ＤＴＣＣは次に、実際はCede & Co.などを通じてですが、口座を持っているカストディ及びブローカーに対して調査の依頼をします。カストディ、ブローカーはみずから調査する場合もありますが、場合によってはBroadridgeなどの株主管理サービス業者などをさらに使って調査を行います。そこで始めて実質株主がわかって、また同じような伝言

ゲームでもとの発行者に戻っていく。次は、発行会社はまた同じような伝言ゲームでさまざまな総会に関する資料などを送っていく。

そして、実質株主からの議決権行使も逆の伝言ゲームですけれども、株主管理サービス業者、カストディ、ブローカー、ＤＴＣＣを通じて発行会社になされていく。場合によっては、ＩＳＳのような議決権行使助言会社を通じて議決権行使がなされることもある。あるいは、委任状勧誘がなされている場合は委任状を用いてなされる場合もあるということで、さまざまな関係者の間を情報が飛び交っているという状況になっています。

そうすると、当然ながら、総会において議決権行使者を突きとめて議決権行使をさせるということには大変時間がかかります。ですので、デラウェア州においてもいわゆる基準日、record date の制度があります。これは総会前 10 日以上 60 日以下のところで決める必要がありますが、この record date における株主に議決権行使をさせるということがあります。こうすると、日本でも同じことが指摘されておりますが、実際に株主総会において議決権行使をする者と実質的な株主の間にはずれが生じます。

さらに、名義株主が議決権行使をする場合に、自分の傘下にいる実質株主からの議決権行使の指示を集計して、割合で―例えば全部で 100 万株持っていて、60％の実質株主から賛成、40％の実質株主から反対という指示があったのであれば、60 万株分は賛成、40 万株分は反対の議決権行使をするわけです。しかし、その 60％の中に一体どの実質株主の株式が入っているのかというのは特定されていない。なので、もしかしたら反対の議決権行使の指示をしたつもりだけれども、賛成のほうにカウントされてしまった可能性が否定はできないということになるわけです。

したがって、要するに、株主からすると、自分が実質株主となっている株式についてどのような議決権行使がなされたかということを、確定することができないという問題が生じます。これは買取請求権などの場面で大きな問題を起こすことになります。たとえば以下のようなことが実際にありました。

議決権行使は伝言ゲームですので、そこには当然、伝達過誤のおそれがあ

ります。このようなことが起きたのが、レジュメに挙がっている Dell にお
ける株式買取請求権事件（In re Appraisal of Dell Inc., 143 A.3d 20（Del.
Ch. 2016））です。この事件では、機関投資家である T. Rowe Price が実質
株主として、反対議決権行使を指示した上で、買取請求権を行使しましたが、
伝言ゲームの過程で、過誤によりなぜか反対が賛成になってしまい、T.
Rowe Price の議決権行使が賛成になってしまった。したがって、買取請求
権を行使できなくなったということがありました。

　この事件の T. Rowe Price は「自分は反対の議決権行使を指示した」と主
張しましたが、裁判所は形式的に名義株主が実質株主のために行った議決権
行使が正しい議決権行使になるということで、T. Rowe Price の主張を認め
ませんでした。したがって、T. Rowe Price は株式買取請求権を失いまして、
その結果としてみずからの投資家に対して多額の損害賠償を支払ったという
ことです。

Ⅶ．実質株主を即座に会社が把握できるようになることの影響

1．実質株主を即座に会社が把握できるようになることの影響

　このような問題は、要するにこういう伝言ゲームを使う、すなわち多くの
関係者を介した振替方式をとっているところに原因があるわけです。シンプ
ルに株主名簿に対する記録を各株主が直接にできるようにして、それによっ
て株式の移転がなされるというシステムをとるのならば、会社は常にその瞬
間の株主名簿を確認することによって、誰が今の株主であるのかを確認でき
ることになりますし、他方で株主のほうも、会社に対して直接的に議決権行
使をすることが可能になります。そこには、伝達の過誤も起きませんし、自
分がどういう議決権行使をしたのかということを記録することも可能になり
ますので、後になって「あなたの持っている株式について、議決権行使の記
録はありません」というようなことを言われる可能性もなくなるわけです。

　当然、情報のやりとりなどについても中抜きになりますので、コストも時
間も削減できます。基準日も、こんなに長い期間を置く必要とならないとい

うことで、極端な話をすれば、総会当日の株主に議決権行使をさせる、あるいは株主総会でのある議案についての決議の瞬間における株主に議決権行使をさせることも不可能ではないということになります。

　もちろん、基準日については総会の参考資料の送付との関係でも意味があります。事前に議決権を行使する株主を確定してその株主に株主総会の資料などを送っておかないと株主側で議決権行使に際しての準備ができないということが指摘されていますが、これに対しても、総会日における株主の議決権行使を可能にしたとしても、そうした株主は準備の機会を失うわけではないという反論もなされています。どうすればいいのかというと、要するに総会の資料については常にウエブ上にアップしておけばいいということです。そうすれば、総会が近くなってから株式を取得する人は、自分は議決権行使をするのだということを前提として株式を取得するわけですから、株主になる前からウエブ上で総会資料などを確認した上で準備をしておけばいいだけの話です。そういう機会を与えられていれば、準備の機会を確保するという観点からも、必ずしも基準日現在の株主に対して総会資料を送らなくても大丈夫ということになります（George S. Geis, Traceable Shares and Corporate Law, 113 Nw. U. L. Rev. 227, 267（2018）。株式買取請求権制度への影響について、Brandon Ferrick, Modernizing the Stockholder Shield: How Blockchains and Distributed Ledgers Could Rescue the Appraisal Remedy, 60 B. C. L. Rev. 621（2019））。

　このようなことができると、例えば合併等のアナウンスがあった後に、株主総会までに株式を取得した者も議決権行使ができる。そして、場合によっては株式買取請求権行使が可能になります。こうしたことが可能になった場合、これは私自身も必ずしも納得しているわけではありませんが、買取請求権が発生するような合併などの決議に対しては賛成票がふえるという影響があるのではないかという見解があります（Alyson Brown, Could Distributed Ledger Shares Lead to an Increase in Stockholder-approved Mergers and Subsequently an Increase in Exercise of Appraisal Rights?,

10 Wm. & Mary Bus. L. Rev. 781（2019））。

　そのロジックはどういうことかというと、基準日時点の株主にしか議決権行使をさせないとすると、基準日後に株式を取得した者は議決権行使はできないので、基本的には買取請求権の行使はできません。もちろん、例外的に、自分の買った株式の基準日時点の株主が反対議決権を行使したと証明できれば買取請求権を行使できるらしいのですが、それは通常は難しい。そういうことを考えると、基準日後に株式を取得した者については買取請求権は行使できないということになります。

　株主総会において議決権行使をするのは基準日現在の株主なわけです。その中には合併に賛成の人もいれば反対の人もいます。反対の人は、その後、その株式をずっと持ち続けるかというと、合併してしまったらもう株式を持ちたくないので、その後、売却することが多いであろうと思われます。

　このとき、そこで株式を購入する人は、プレミアム価格を払ってでも株式を買いたい。それは、プレミアム価格を払って株式を購入した後、合併が実現すれば、対価も含めてもっと利益が得られるだろうと想定して株式を買っているのだろう。であるとするならば、基本的にはその合併に賛成の人が株式を買ってくるに違いない。

　そうすると、もともと基準日現在の株主であれば賛成の人も反対の人もいるでしょうけれども、反対の人はその後だんだん減っていって、賛成の人がどんどん株式を買っていく。このとき、仮に株主総会当日に株主である人が議決権を行使できるとすれば、そこでの株主の多くは基本的に合併に賛成なので、結果として賛成票の可能性はふえていくのではないかと言われております。

　ただ、本当にそうなのかはわかりません。というのは、合併のアナウンス後に買取請求権行使目的、すなわちこの合併は通らないであろうと予測した上で株式を買う人もいるでしょう。そういう人は当然反対投票をするでしょうから、本当に賛成票が増えるのかはよくわかりませんが、そのようなことが言われているということです。

また別の論点ですが、今お話ししたとおり、分散台帳を利用することによって、株式売買履歴を容易にトレースできるようになると、先ほどお話ししたとおり、基準日は今までどおりだとしても、基準日後に株式を取得した者も、自分の取得した株式の基準日時点での株主がどう議決権行使をしたかわかるようになるわけです。

　そうすると、反対議決権行使をした株式を買った株主は、買取請求権というオプションつきの株式を買ったのと同じになります。賛成議決権を行使した株式については、そういうオプションがついていない株式を買った。なので、同じ種類の同じ株式であっても、自分の前者が議決権行使で反対したか賛成したかによって価値が変わってくるのではないか。そうすると、一つの株式に二つの異なる市場が登場してくるのではないかというようなことが言われています（Geis, supra）。

　こうした影響は別にプラスでもマイナスでもないというか、逆に言うと、このような帰結がいいことかどうかよくわからないとされていますが、このような可能性が指摘されているということです。

２．議決権行使への他の影響

　次のページです。議決権行使に関するほかの論点も幾つかお話しします。これも幾つかの文献をそのままさらったにすぎないのですが、１つは、最近若干注目を浴びている Tenure voting、すなわち長く株式を持っている人が多くの議決権を行使できるという、ベンチャー企業などにおいて見られる仕組みに対する影響です（Paul H. Edelman, Wei Jiang and Randall S. Thomas, Will Tenure Voting Give Corporate Managers Lifetime Tenure?, 97 Tex. L. Rev. 991 (2019)）。

　Tenure voting については賛否両論があります。きょうはその賛否両論については取り上げませんが、もし分散台帳による株式名簿が実現すると、この Tenure voting はよりやりやすくなるのではないかと言われています。今、Tenure voting が余り使われていない１つの理由は、この株主は一体どれだ

けの期間株式を持っているのかということを特定することが非常に困難であるからと言われているわけです。

　先ほどお話ししたように、株券そのものはＤＴＣＣのところにありますが、どれが誰の株式かはわからない。ある実質株主が一体いつの時点でどの株式を買ったのかもよくわからない、トレースできないという状況です。

　しかしながら、全ての株式移転取引がトレースできるようになると、今、私がある株式を持っているとすると、その株式がどの取引において私のところへ来たのかは過去のデータを見れば全てわかることになります。したがって、どの株主が何年間株式を持っているということが一目瞭然になる。これによって Tenure voting はやりやすくなるだろうということなどが指摘されております。

　それから、今お話しした、基準日現在の株式と実質株主は違うという話は、要するに Empty voting という話です。Empty voting が是か否かについては、日本でも多く紹介がありますが、少なくとも、Empty voting がいいかどうかは別として、意図しない Empty voting は抑えるべきです。意図的な Empty voting については是非の議論があると思いますが、意図しない Empty voting については、ある意味、想定外の副作用なわけなので、これは抑えられるべきです。

　逆に言うと、分散台帳を使ったからといって、Empty voting の現象がすべて消えるわけではもちろんありません。例えば、空売りなどを用いた意図的な Empty voting は、別に分散台帳があろうがなかろうが実現可能です。しかし、少なくとも決済期間や基準日の存在によって生じている意図しない Empty voting という問題は抑えられると言われております（Geis, supra）。

　今までお話ししたように、株主の議決権行使の確実性が増すことになりますので、株主としても確信を持って議決権行使ができるということになり、このことは、株主の意思が会社に対してよりストレートに伝わっていくことを意味する。このことは、株主の権利を拡大するべきという議論につながるという主張があります。すなわち、株主がちゃんと真面目に権利行使をする

ようになるわけだから、株主の権利を拡大してそうした株主の意思を反映するべきだということにつながるのでしょう。

　しかし、他方で、所有と経営の分離の原則、あるいは株主の合理的無関心の問題などを考えると、株主が議決権行使をしやすくなるということは会社の経営が株主の意思に左右されやすくなり、むしろ株主の権利を拡大するべきではないという議論につながるかもしれない。少なくとも、株主の権利の範囲をどう考えるべきかというどちらの議論の出発点としても、株主の真実の意思と議決権行使に齟齬があるという前提は変わっていくだろうと言われております。

　最後です。委任状勧誘についても容易になりそうです。特に、委任状勧誘をする株主も、他の実質株主が誰かという情報にリアルタイムでアクセスできるとした場合、他の実質株主に対するキャンペーンが非常に張りやすくなることが指摘されております（Geis, supra）。ただ、これは株主がこういった実質株主に対する情報、つまり株式名簿を常に見ることができるという前提に立った場合になります。それがいいかどうかについては、最後に若干議論したいと思います。

Ⅷ．証取法の虚偽開示責任

　他の論点としてよく指摘されているのが、証券法における責任の話です。これはレジュメでの記載は短いのですが、大事な話だと思いますので、若干お話ししておきたいと思います。

　特に証券法 11 条における虚偽開示の責任について、株主名簿が分散台帳化されると大きなインパクトがあるということが指摘されております（Kelsey Bolin, Decentralized Public Ledger Systems and Securities Law: New Applications of Blockchain Technology and the Revitalization of Sections 11 And 12(A)(2) of the Securities Act Of 1933, 95 Wash. U. L. Rev. 955 (2018)）。この証券法 11 条は、証券発行時の発行登録書類等における不実の言明等を行った発行者・役員・引受人等に対して証券取得者が損

害賠償請求をすることを認めた規定であり、その責任は厳格責任であるとされております。発行者は無過失責任であり、役員や引受人等についてもサイエンターなどの主観的要件を必要としないということがあり、かつ、発行から1年以内の取得であれば、証券取得者が不実の言明を信頼したという信頼要件も不要です。この証券法11条は投資家にとっては大変強力な武器となる。言い方を換えると、虚偽の開示のある証券発行を行った会社やそれにかかわった関連当事者は非常に重い責任を負うことになります。

　しかし、この11条というのは非常に強い武器であるかのように見えますが、現実にはほとんど使われてこなかったと指摘されております。実際に使われるのはほとんど10b-5なわけです。それはなぜかというと、1つの理由は、この11条は、あくまでも発行時に虚偽の言明があった証券を取得しなければいけないという要件がかかっています。tracing要件などと言われていますが、これが事実上、11条を使えなくしてきたと言われています。

　逆に言いますと、このtracing要件を満たせるのは、投資家が「自分の買った株式は虚偽の開示があったときに発行された株式だ」と100％証明できるときだけだということです。

　それが証明できるのは、1つには、例えばIPOで自分が買って、その後、一切売っていない。そして、そのIPOにおいて虚偽の開示がなされていた、という場合です。あるいは、IPOの後、セカンダリーマーケットで取得したけれども、IPO後には別の新株発行はなされていない。つまり、IPOでしか新株発行されていなくて、そこで虚偽開示があった。しかも、例えば元経営者など、IPO以前からの株主は誰も1株も売っていない。すなわち、セカンダリーマーケットの中にある株式は全部虚偽のあったIPOで発行されたものだと証明できる場合も、虚偽の言明によって発行された株式を取得したと言えるのでtracing要件を満たすのだと言われている。このように、虚偽の言明があった株式以外はマーケットに存在していなかったことを完璧に示さなければいけないと言われています。

　例えば、マーケットで流通していた株式のほとんどが虚偽の開示があった

IPOによって発行された株式だけれども、実はもともとの経営者がIPO以前から存在する株式を10株だけマーケットで売っていた、でも残り9990株は全部IPOにおいて発行された株式であるという場合でも、マーケットでこの株式を取得した投資家はこのtracing要件を満たさないと言われています。つまり、「その10株が、あなたが買った株式かもしれないからだ」ということです。なので、99.9999%以上の証明があってもダメで、100%でなければダメだというのがこれまでの判例のようです。

　なお、例えばセカンダリーマーケットにある株式のうち、虚偽の開示によって発行された株式が例えば40%、残りの株式が60%というときに、ある人が11条の責任を追及して、その保有株式数の40%分についてはIPOで発行された株式を買ったものとみなして割合的処理をして責任追及するという主張もなされたりしますが、これもダメだと判例で言われています。したがって、100%自分の買ったものが虚偽の開示によって発行されたものでなければいけないとなっています。これが判例です。

　これはどういう意図なのか。逆に言うと、証券法11条というのはちょっと厳し過ぎて、こうした判例法理によって事実上、そういった厳格すぎる責任を緩和しているという指摘もあるようです。しかしながら、そういう判例の前提であっても、もし分散台帳の利用が可能になって、自分の持っている株式がどこから来たのかというのを全てたどっていく（tracing）ことが可能になったとすると、この11条の要件を満たすことは比較的容易になるだろうと思います。

　そうすると、この11条はここさえクリアすれば非常に使いやすいものですので、11条の責任を追及してくる人たちがふえてくる。これは、あるいはもしかすると、今の均衡というか、11条のある意味で厳格すぎる責任についてはなるべくその適用を絞っているというバランスを崩すことになって、それがいいことなのかどうかは11条に対する評価次第だろうと言われています。

　もちろん11条の責任追及が頻発することになれば、会社側にとってはコ

27

ストがふえるわけです。しかし、他方で分散台帳によって tracing ができる株式、すなわち株主からしてもここまでお話ししたようなさまざまなメリットがある株式は株主にとっては価値がありますから、そうした株式はそうではない株式に比べると高い価格で発行できるかもしれないので、会社にとってもコストとリターンはトントンなのではないかと言われていたりもするわけです。このあたりはちゃんと実証しなければわからない部分だろうと思います。

　先ほどもお話ししたように、信頼要件が不要となるのは虚偽の開示のあった発行から１年以内だけですので、１年たってしまえば責任追及側が虚偽の開示を信頼したことを立証しなければいけないので、実際には tracing 要件を満たすことが容易になっても濫訴というほどのことは起きないのではないかとも言われてはおります。

　もう１つ、証券法の責任における tracing の問題は、10b-5 などの責任についても存在しています。10b-5 責任も虚偽開示などの場合に使われますが、継続開示などに不実開示があった場合について、真に利得を得たのは誰かというと、虚偽開示がばれないうちに売り抜けた株主なわけです。

　つまり、例えば1000円の株式が虚偽の情報によって2000円に上がり、それを全く知らないうちに当時の株主は2000円で売り抜けてしまい、その後、虚偽の開示があったことが明らかになった後、株価は1000円に戻った。そういうことを考えてみると、実はこの虚偽によって真に利得を得たのは、虚偽開示がばれる前に売り抜けた株主なわけです。にもかかわらず、彼らが責任を負うことはありません。誰が責任を負うかというと会社ですが、会社が責任を負うということは、結局、被害を受けた株主間で利益移転をするにすぎないとも言えるわけです。

　そうすると、本来は真に利得を得たのは虚偽開示中に売り抜けた株主であり、彼らに対して、いわば一種の不当利得のような形で利得の償還請求をしていくという道があってもいいのではないかと言われています。ただ、これも今までの場合だと tracing が不可能だったから現実には被害を受けた投資

家がその前者である元株主をたどって責任追及をすることはできなかったわけですが、分散台帳が実現すれば、こういったことも可能になるのではないかと指摘されております。

IX．誰にどこまでの情報が開示されるべきか？

取りとめもありませんが、最後です。実はこれはほかのところでかつて一度報告した話なので、簡単に進めたいと思います（以下について、David Yermack, Corporate Governance and Blockchains, 21 Rev. Fin. 7 (2017)）。

分散台帳によって株主名簿上でリアルタイムに誰が株式を買ったか開示されていく。そして、株式の移転も全部トレースされていくことになると、要するに売買手口が全て開示されていくということになるわけです。大量保有報告の開示だけでなく、「1株保有報告」とでもいうか、誰が何株、何時何分に誰から買ったということが、可能性としては全部開示されるということもできるわけです。

こういうことができるようになると、例えばアクティビスト投資家は、水面下で少しずつ株式を取得していって、どこかでバッと大株主として登場してアクティビスト行為を行うということなどをよく行うと思いますが、それができなくなる。つまり、1株買った時点でもう筒抜けなわけです。経営者にも筒抜けだし、ほかの株主にも筒抜けになります。

ですので、悪名高いというか有名なアクティビスト投資家が1株買うと、「ああ、あいつに目をつけられた」というので身構えられてしまう。あるいは、ほかの投資家は「あそこが目をつけたんだったら」というのでみんな買い注文を出して、株価が上がってしまって、結局アクティビスト投資家は株式が高くなって買い集められなくなるということが起きてしまって、少しずつ買い集めていってバッと出てきてアクティビスト行為を行うという投資手法が、ペイしなくなってくる可能性があると言われています。

そうすると投資家は、結局全てパッシブでやるのが一番望ましいということになり、会社に対する不満があるときも、ボイス（発言）ではなくエグジッ

ト（退出）、つまり売り抜けるという方法でやったほうがいい。むしろ売り抜ける場合は、さっき申し上げたように決済期間がT＋3がT＋0などに短縮されることによって、非常にコストが下がりますので、売ったほうがよいということになる。そういうことで、投資家による投資手法が変わり、コーポレートガバナンスのあり方に影響を与えるのではないかと言われていたりします。

インサイダー取引などについても、そもそもインサイダー取引が成立しなくなるんじゃないかということも言われていて、経営者が株式を1株買ったということも全部筒抜けになるわけですので、「何か知らないけれども、急に経営者が株式を買い始めた。これは何かあったんだろう」ということがすぐ市場に伝わりますし、しかも、売買の履歴がすべて残り、インサイダー取引の隠匿をやろうとしてもすぐばれるということもありますので、インサイダー取引に対しては大きな抑止になるというか、そもそも起きなくなるということも言えるのではないか。

株式報酬といったものに対しても、逆のことかもしれませんけれども、インセンティブとして与えられた株式を売ってしまうとばれるわけです。したがって、ほかの株主からすると、「インセンティブ投資としてもらっている株式を売るということは、この後はもう上がらないと思っているんだな」というので、みんなが売り始めて株価が下がる。結局、経営者もせっかく株価を上げたのに、その株式報酬の価値が得られないということになってしまうのではないか。相場操縦的なものを防げるというメリットも指摘される一方で、手口が全部ばれてしまうということについては、全体として本当にいいことなのか悪いことなのか、よくわからないと思います。

ただ、ここは難しい問題で、誰にどこまで情報が開示されるべきかは、自明なことではないだろうと思います。これまでは、現実的にリアルタイムの情報の開示は不可能だったからされてこなかっただけの話で、本来、今、誰が何株持っているかという情報は、株主名簿で把握可能なはずの情報なわけです。そう考えれば、もともと株主名簿閲覧請求をすれば、多少のタイムラ

グはあるものの情報は常にとれたわけですけれども、そうした情報が株主名簿閲覧請求をせずに自動的にしかもリアルタイムに共有されることはいいことなのか悪いことなのかというと、会社法上、恐らく自明ではないということなんだと思います。

　ですので、分散台帳でここまで申し上げたような現象が起こったり、あるいは、会社側が、むしろアクティビスト投資家に目をつけられないことを目的として、自主的に分散台帳を使って全ての売買手口を開示することをやり出したらどうなるのかということなどについては、大変興味深い論点だと思います。

X．今後の展望

　いろいろと議論はなされているんですけれども、実際、デラウェア州において分散台帳化が進んでいるかというと、全く進んでいないというのが現状です。もちろん、改正されてから2年ぐらいなので、そんなものなのかという気もしますけれども、なぜ進んでいないのかということについて幾つか指摘がされておりますので、最後にそれを見ていきたいと思います。

　1つは、既存のシステムを変える、あるいは既存のシステムを新しいシステムと統合することは非常に困難であるということです。これから設立する会社だったら、無券面株式のみを発行するとしておくのは非常に容易なんですけれども、先ほどお話ししたとおり、今、既に券面株式を発行している会社が無券面株式化することは大変困難です。つまり、全ての株券を回収する必要があるということですので、これはなかなか難しいだろうと言われています。

　もう1つは、技術の問題として、分散台帳はまだ現実的じゃないのではないかということで、特に言われているのがスピードの問題です。ここは文献でも混乱が若干あるようで、株主名簿の分散台帳化をするときに、デイトレーディングとかＨＦＴに対応できるような取引所の注文処理システムのような、ナノ秒、ミリ秒単位のシステムが求められているわけではありません。

今でも証券決済は、例えばデイトレでも全部の取引を把握しているわけではないので、１日をまとめてネッティングでやっているわけですから、１日１回でも２回でもいいんですが、そのレベルの決済で構わないわけです。ブロックチェーンにおいて不可能なスピードが求められているわけではありませんので、これは必ずしもその理由にはならないのかなという気もいたします。

　より大きい問題は、以下の３つだろうと思います。

　１つは、誰がこの分散台帳化するコストを負担するのかという問題です。分散台帳システムを一度構築すれば、それに対して後乗りするのは簡単なんですけれども、初めにつくるのはなかなか難しいという問題で、これを当事者に任せておいてもやる人はいないんじゃないかという話です。恐らく、先ほどデラウェア州が株主名簿の分散台帳化みたいなことを州として取り組んでいるのは、こういったフリーライダー問題を前提とするならば、これは公的にやったほうが望ましいという考え方があるのかもしれません。

　２つめは、プライバシーの問題です。全ての手口あるいは株式名簿におけるさまざまな情報が筒抜けになることについては、もちろんプライバシー権との問題で、まだまだ懸念すべき状況があるというのは言えるだろうと思います。

　そして、３つめは、先ほどお話をしましたけれども、全ての手口が筒抜けになるということについての会社・市場・投資家への影響をまだはかりかねているという問題もあるかと思います。

　というわけで、日本とは、そもそも決済の仕組みも違いますし、証券法などの規定も違いますし、会社法上の株式買取請求権についても違いますし、日本における直接的な示唆を得ることは今回しなかったわけですけれども、アメリカにおいてはこのような議論があるというご紹介ということで、大変乱雑ではありましたが、以上で報告とさせていただきます。

討　議

神作会長　大変貴重なご報告、どうもありがとうございました。

　それでは、ただいまの小出先生のご報告に対しまして、どなたからでもご意見、ご質問を頂戴できればと思います。

大崎委員　大変興味深いご報告をありがとうございました。

　1点、今お触れにならなかった点について、何かお考えがあればお伺いしたいんですけれども、こういう分散台帳の仕組みを使って何らかの権利なり財みたいなものを移転するというのは、既にいわゆる暗号資産ということで行われているわけですね。言ってみれば、これを株式とか株主名簿に応用しようということになると、株券が暗号資産になるみたいな話だと思うんです。

　そうすると、今、暗号資産の取引は、いわゆるブローカーのような存在を介さないで一般に行われているわけですけれども、今まで株式の取引は証券取引所を通じて、常に証券取引所はブローカー、ディーラーが介在することで運営されるというのを、ある種、世界の常識としてやってきているわけですが、そういう取引のあり方にも大きな変革があり得るという話なのかどうか。そこをちょっとご感触を伺えればと思います。

小出報告者　暗号資産についての話は、既に河村先生のご報告などもあったので、きょうはしなかったんですけれども、今の大崎先生のご指摘は、株券が暗号資産化するという話でしたが、逆の見方もあって、株式とは異なるものとして発行された暗号資産に、例えば会社から経済的利益を受ける権利とか経営に対する一定の権利が与えられたら、それは株式じゃないのか。つまり、いわゆるブロックチェーンが株主名簿として見られることになって、暗号資産が会社法の適用を受けるんじゃないかという指摘もあるようです。ですので、そういった問題提起は向こうでもあるんじゃないかと思います。

　それで、ブローカーあるいは証券取引所を通じた取引という話に関して言うと、デラウェア州とはちょっと関係ないのですけれども、証券決済のシステムで既に行われているのは、数年前にOverstockというところが自社の

株式をブロックチェーン上で発行しました。そのときは、まず Overstock
がＡＴＳ（代替的取引システム）としての認可を得た上で、ブロックチェー
ン上での自社株の決済はＡＴＳにおける取引であるということでやっている
わけです。その意味では、完全に証券取引所を中抜きして、ＡＴＳの規制を
受けるという形で、証券法の規制の中に入っていくということが想定されて
いるという気もします。

　ブローカーの中抜きについては、私のきょうのテーマに関して言うと、あ
くまでも投資家はブローカーに注文して、ブローカーが取り次いでＮＹＳＥ
なりＮＡＳＤＡＱなり、証券取引所を通じて取引をしています。ただ、証券
決済の部分だけをブロックチェーンに置きかえているという話なので、取引
の成立については引き続きブローカーを会員とする取引所を通じて行うとい
うことは決して否定されていないことだと思いますので、分散台帳化と両立
可能なところなのかなという気もいたします。

河村委員　大変興味深いお話、ありがとうございます。

　１点だけ確認をさせていただきたいんですけれども、先ほどの大崎先生の
発言とも関係あるんですが、例えばビットコインとブロックチェーンの場合
だと、ブロックチェーンにつながっているのは必ずしも個人ではなくて、業
者であったりします。デラウェア州の株主名簿に分散台帳技術を使ったとし
ても、そこに載ってくるのは必ずしも実質株主とは限らない。ブローカーが
載ってくるかもしれない。ブローカーの手元で行われている取引については、
引き続きわからないという状況になってくると、例えばいろんなところにか
かわってくると思いますけれども、インサイダー取引の話も結局わからない
ということになってくると思うのです。

　なので、デラウェア州が考えている、株主名簿に分散台帳技術を使うとい
うときに、実質株主まで全部含めて載せることを想定しているのか。先ほど
記録株主の話もありましたけれども、実際にはブローカーであるとかカスト
ディアンが載ってくるだけで、実質株主はわからないんじゃないかという感
じもしたのですが、そのあたりはいかがでしょうか。

小出報告者 大変大事な視点だと思います。おっしゃるとおりです。もともとデラウェア州会社法は、先ほどの219条（ c ）項のところでも申し上げましたけれども、株主名簿に記録される株式は一体どういうものなのか、名義株主なのか実質株主なのかについては言及していません。ですので、名義株主が記録されていくこともあり得ることが前提になっています。例えば透明性を高めるという話をしてきましたけれども、それは利用者が透明性を高めたい場合だけなんです。今までどおりに、例えば議決権信託を使うなり、カストディを使うなりということで、名義株主をつくることは可能ですし、その場合はあくまでブロックチェーン上に名義株主が載るだけの話です。

　ただ、これまで名義株主みたいなものが存在してきたもともとの経緯を考えると、素性を隠すという目的の名義株主は昔からあったんだと思いますけれども、他方で、証券決済というものの仕組みをつくる段階で必然的に出てきた部分も多いような気がします。そうすると、ある意味では、それによって意図せずできてきた匿名性にみんなが乗じて行動している世界が本当にいい世界なのかどうかは、実はよくわからないんだと思います。

　そうだとすると、そもそも株式取引を匿名でやるという権利は、それがもし必然でなくなったとしても守らなければいけないものなのかどうかは、私の答えはないんですけれども、ちょっと考えてみる必要がある気がしています。匿名で株式の取引をすることには、意義がないとは思いませんけれども、社会的な必要性は認められるんでしょうかね。済みません、逆質問になってしまいますが。分散台帳化したからといって株主の匿名性が完全に消えるわけではないというのは、そのとおりだろうと思います。

神作会長 河村委員、小出先生からご感触を伺いたいというご趣旨であると思いますが、匿名での株式取引の社会的意義に関して何かコメントがありますでしょうか。

河村委員 私の見解というよりも、デラウェア州はそのあたりの結論を出したくないので、委ねたのかなというふうに思いながらお話を聞いていました。

加藤委員 ４点、質問いたします。まず、最初に、デラウェア州の改正法に

は、何を記録しなければならないかを定める規定は存在するが、ブロックチェーンの構築や維持に関連した技術水準を定める規定は存在しないという理解で間違っていないか、確認させて下さい。

　次に、２点目ですが、224条では記録しなければいけない情報が明示されていますが、改正前はどのような状況だったのでしょうか。つまり、改正前は、例えば一部払込株式についての情報や株式担保の情報は stock ledger には規定されていなかったということか、stock ledger に規定されていないのであればどこか別の帳簿等に規定されていたのか、という質問です。

　３点目は１点目の質問と重なっている部分もありますけれども、ブロックチェーンに記録された情報へのアクセスに関する質問です。例えばブロックチェーンとか分散台帳を使ったからといって、参加者全員が当然に同じ情報を見ることができるというわけではなくて、会社や特定の参加者は全ての情報を見ることはできるけれども、株主は自分が持っている株式の保有情報しか見られないという仕組みを作ることも技術的には可能だと言われています。アメリカにおいて、会社法においてブロックチェーンや分散台帳を利用して株式保有に関する情報を記録することを認める場合に、ブロックチェーンに記録された情報へのアクセスについて、何か法的な制約というか要請が存在するかといった問題は論じられているのでしょうか。

　最後の質問は、単に用語法の問題かもしれませんが、「stock ledger」を「株主名簿」と訳することは適切なのでしょうか。ご報告を伺っていて、「stock ledger」は、日本法における株主名簿と振替口座簿の双方の機能を果たすことを想定されている記録であるような気がしましたので、質問いたしました。

小出報告者　いずれも大変大事なご指摘だろうと思います。最後の stock ledger については、おっしゃるとおりで、確かに私も途中で株式名簿だの株主名簿だのといろいろな訳をしてしまっているんですけれども、日本には「株主名簿」というものが会社法で存在しているものですから、それと同じものであるような言い方は余りよくない表現だったと反省しています。

　私も、実際の stock ledger の例を見ているわけじゃないのでわからないん

ですが、条文を見る限りでは、ご指摘のとおり、株主の記録ですね。株主の住所とか持っている株式の数とか名前といったものに加えて、「all issuances and transfers of stock of the corporation」というのも書いてありますから、結局、株式の移転や発行の記録も同時に記載されていくことになります。振替株式と同じと言えるかどうかわかりませんけれども、記録が無券面株式の移転の要件にもなっていますので、日本においては株主名簿の記録は移転の対抗要件にはなりますけれども、移転の効力要件ではありませんから、その意味では、確かにご指摘のとおり、ちょっと違う性質のものかなと思います。

　さかのぼって2点目ですけれども、払込株式の情報とか株式担保の情報といったものに関しましては、一定の情報をもともと株券の券面には書かれなければいけないとされています。例えば、一部払込株式は、株券を発行している場合、株券の券面にはその情報について書いておかなければいけない。無券面の場合はそれを stock ledger の上に記録しなくてはいけないとされています。

　株式担保についても、無券面の場合は株主名簿に記載することとされていますので、もともとこういう記録をすることを求めたというものはあるということになります。

　1つ目の技術的な要件については、会社法上には特に規定を置くことはなく、果たすべき機能が書かれているだけです。今回会社法に入った、"distributed networks and databases" の定義は、条文には特に書いていないですね。載せなければいけない情報だとか、要求があればそこに載っている記録を常に明瞭に可読できる紙に転換しなければならないみたいなことは書いてあるわけですけれども、信頼性だとかそういったことについては特段ここには書いていないという理解です。

中東委員　小出先生らしいご報告を拝聴して、元気を頂戴しました。ありがとうございます。

　細かいところで申しわけないんですが、米国の他州の動向で、カリフォルニアは非上場会社に限定して分散台帳で管理可能だということですが、これ

はどうしてなのでしょうか。

小出報告者　カリフォルニアで立法がされたということについては、全米州議員連盟がつくっている、アメリカの各州のブロックチェーン関係の立法をまとめたサイトがありまして、そこに載っているものを見ました。立法の経緯までは存じ上げていないので正しいことは申し上げられません。余りいいかげんな憶測をしてはいけないので、これも調べた上で、議事録で補足させていただきたいと思います。（報告者注：非上場会社に限定されていることによって一般投資家は保護されると述べるレポートや、まずは非上場会社でテストすることができると述べるレポートなどをその後目にしたが、かかる限定がされている詳細な理由は結局判明しなかった。）

大崎委員　私はあえていいかげんなことを推測で申しますと、ＤＴＣＣの適格になっているかどうかということを意識した立法なんじゃないですかね。上場株だとＤＴＣＣで保管するので、ということじゃないかなと思ったんです。もちろん、小出先生もるるご指摘のとおり、別にＤＴＣＣとブロックチェーンが両立しないわけではないとも思うのですが、現在すぐにそこに入れるというのはなかなか容易ではないという発想なのかなという気はしました。

武井委員　大変わかりやすくて詳細な報告をありがとうございました。すいません、いくつか素朴な質問があるのですが、まず、この仕組みは会社は何をすれば入れられるのでしたっけ。何かといいますと、中央管理者がいない仕組みであって、過去の記録が正確に記録できる、あと不可逆的に記録できるとかの特徴があるわけですが、この仕組みを何らかオーガナイズしている人なり業者はいるわけですよね。会社はどういう業者に何を声かければ、これができるのでしたっけ。

　質問の趣旨は、その表裏で、その業者はどういう責任を負うことになるのかということもあります。例えば株の詐取というか詐欺は起きないのか。

小出報告者　起きます。

武井委員　不可逆的に記録されているけれども、詐取は防げないわけですね。

小出報告者　防げないです。

武井委員　今の日本の保振の仕組みでも起きうる話だから、そこは変わらないということでしょうかね。この仕組みが導入されたら業者に新たにどういう責任が発生するのかという点と、会社がそれをやるときに誰に何を頼まないといけないのか、そこら辺が全部絡まってきまして。

小出報告者　まだ法整備だけで、実例があるわけじゃないので、具体的にどういう分散台帳が使われるかということははっきりしていません。つまり、パブリック型のようなものだって排除されていませんし、プライベート型、コンソーシアム型のものも排除されていないということになります。しかし、実際には完全にパブリック型の誰でも見られるようなものを利用するということは、やる会社もあるかもしれませんが、余り想定されていないんだと思います。

　実際には、ＩＴ業者といいますか、ＩＢＭみたいな業者が、こういう分散型台帳を使った株主名簿システムを開発して、各会社はその業者を通じてシステムを購入することになるでしょう。その場合に、誰が分散型台帳のネットワーク参加者になるかというと、ケース・バイ・ケースだと思います。各株主がネットワーク参加者になるような、ある意味、コンソーシアム型のようなシステムもありうるかもしれませんし、例えばこれまでの証券会社やブロードリッジみたいな株主管理サービス業者がこういった株式移転システム、株主名簿管理システムみたいなもののネットワーク参加者となってこれを管理し、各会社に提供していくようなビジネスモデルに転換していくことも考えられるのかなと思います。

　次に、詐取に関して言うと、それはおっしゃるとおりで、取引の背後というか、実質にはこれは全く関係していない話です。あくまでも取引がなされた後の証券決済の問題ですから、取引自体が詐欺だとかいう話になると、当然それを取り消した後で取り返さないといけないだろうと思います。ただ、それは今でも、例えば株式が移転した後に取り返すことはあるわけで、それも口座上の記載で行われるわけです。形としては、いったん移転した株式が

元の持ち主に戻ってくるという形になるんだと思います。株券の場合でも、例えば株券を詐取された場合について、それを取り戻すときは、株券は一度相手に渡ったものが返ってくるわけですよね。

武井委員　なるほど、ありがとうございます。日本でこの仕組みを入れるとしたらということを考えてみたときに、今の日本の保振の仕組みと比較すると、どういうことになるのでしょうかね。

小出報告者　保振のしくみでは取引がトレースされていないですよね。例えば私が保振を通じて株式を売ったとき、誰に売ったかというのは結局わからないし、誰から買ったかもわからない。

武井委員　保振は背後の実取引までは確認していないからということですね。

小出報告者　確認していませんし、もっと言うと通常は株主自身もわからない。

武井委員　ということは、これをやって中央管理者がいなくなるからといって、詐取などの事件が増えるという効果が起きるわけではないという分析で良いでしょうか。

小出報告者　それはそうだと思います。

武井委員　今とあまり変わらないから、ですね。

小出報告者　今とそこは変わらないだろうと思います。

武井委員　ちなみにＩＢＭと保振とが出てきていますが、日本にこの仕組みを入れるとしたら日本の保振の位置づけはどうなるのでしょうか。

小出報告者　もちろん保振がこういったことをやり出すことがあるかもしれないんですけれども。

武井委員　なるほど。ちなみに上場会社がＩＢＭとプライベートに契約するとしたら、その上場会社については保振との関係はどうなるのでしょう。

小出報告者　米国はＤＴＣＣの利用は、多分、日本と違って義務じゃないんですよね。

武井委員　これは任意にやるわけですね。ＩＢＭの記録と保振の記録とを二

重に発生させるわけですか。

小出報告者　そもそもDTCCは株券の存在を前提としているんです。先ほどご説明したとおり、これは完全無券面会社では使えないので、それはあり得ないです。なので、これをやろうと思ったらDTCCから抜けないと、株券をなくした会社じゃないとできない。

武井委員　日本の場合、保振から抜けることになる？

小出報告者　日本だと、もともと株券を発行していませんので。この法律を日本でそのまま適用したらという仮定は難しいんですね。日本の場合は、そもそもブロックチェーンによる株主名簿は、まだ規定がないから。

武井委員　ということは日本では、制度論的には保振がこれをやるかどうかの話になるのでしょうかね。

小出報告者　アメリカの場合ですと、これを今DTCCを使っている会社がやることは現時点ではまだ無理だろうと思います。それは、今お話をしたように、結局、株券を発行しているからです。全ての株券がDTCCの中にあるならいいんですけれども、昔の日本の株券保管振替と同じで……。

武井委員　今、日本は電子化なわけで、日本にこれを移したときにどうなるのか。

小出報告者　日本に移した場合は、そもそも規定の書き方も多分変わってきますよね。社振法があることを前提にした……。

武井委員　今は上場していれば自動的に保振ですよね。一部の上場企業だけ「私はIBMね」となる世界が生まれるのかが、よくわからなかったのですが。

小出報告者　日本だと、もちろん保振のシステムそのものをブロックチェーン化するということはあると思うんですね。

武井委員　それは1つの選択肢ですね。私は、それは企業に対する事実上の強制適用になっちゃうからそれはそれでハードルがある気がしていて。他方で、企業側が任意でブロックチェーンを選ぶとなったら、IBMと保振とが両立するのかなと。加藤先生が首をひねっていらっしゃいますが（笑）。

小出報告者　逆に言うと、上場株式は必ず保振を使わなくちゃいけないので。

武井委員　そうですよね。ということは、ＩＢＭと保振が二重になるのでしょうかね。

小出報告者　日本の場合は上場株式について保振を使わないということはできない。

武井委員　今のところそうですよね、一元的に記録をつけないといけないわけなので。

小出報告者　必ず保振を使わなくちゃいけないと思うんです。

武井委員　それでプライベートにＩＢＭでやるとなったときの位置づけ、入る場所がどこなのか。

小出報告者　日本でそういうことをやろうと思ったら、そもそも保振を使うという義務をまず外さなくちゃいけなくなりますし。

武井委員　なるほど。他方で保振を使う義務を外すことが非現実的だとすると、事実上、上場会社にブロックチェーンが強制適用になっちゃいませんか。

大崎委員　いや、そうすると、国内のＡＤＲみたいになるんじゃないですか。新しくできたブロックチェーンに一部の取引を移しちゃって。

武井委員　なるほど。そうなると両立しますね。ちなみにとすると、企業側が選択するメリットは何になるのでしょうかね。一部の取引だけすごくきれいに記録が見えているという世界がつくられることでしょうか。

大崎委員　特にメリットはわからないですけれども、技術的にはそういうことかなと。

武井委員　ちなみに一部の取引というのは、この取引だけやってくれと、会社で選べるのでしょうかね。

大崎委員　わからないけれども、そうすると、可能は可能だという意味で。やったほうがいいとかいう意味じゃなくて。

小出報告者　日本はそもそも振替口座簿の記載を株式移転の効力要件としているわけです。それがアメリカとは決定的に違っている。なので、非上場会社は別ですけれども、もし日本でこのブロックチェーン化を進めていこうとするんだったら、保振をブロックチェーン化するというのが本筋になって、

こういう立法には多分ならない。

武井委員　なるほど。ということは日本では次に、上場会社に強制適用するのがよいかどうかという話になっていきませんかね。

小出報告者　強制適用ということの意味がよくわからないんですけれども。

武井委員　保振側がブロックチェーンでない選択肢も企業側に認めれば強制適用にはならないですが。

小出報告者　保振がブロックチェーン化したら、それが強制適用になるかもしれませんね。

武井委員　ちなみに、一部の取引だけ見せないというのは、中央管理者とかに、全部オープンかどうかという選択肢があるのでしょうか。ここまでしか見せないような。

小出報告者　もちろん、それは技術的には選択可能だと思います。ただ、それを選択させることが認められていいのかどうかというのは、また別の問題だと思いますけれども。

武井委員　この世界だと、記録は全部残っていて見ようと思ったら見られる状態のものがあるわけですね。

小出報告者　恐らく会社は常に見られるはずなんですね。

武井委員　今までは「隠れているものを見せる」という世界だったのが、これからは「見せられるものを隠す」という世界に変わるということですかね。

小出報告者　そうなるんです。

武井委員　原則と例外がひっくり返るインパクトがあるということですね。

小出報告者　それが正当化できるのかというのは、ちょっとまだ考えるべき問題なのかなという気がします。

松尾（健）委員　今の点と、最初のほうのご質問とも関連するのですが、分散台帳の技術の利用についてのお話は、リアルタイムでグロスで決済することを前提としてご説明されていた、メリットの多くはその前提でお話になったと思います。一方でネッティングを行なうことをベースにしつつ、分散台帳の技術を使うということも可能だと思います。その場合でもそれなりに、

ご説明されたようなメリットの少なくとも一部は享受できるようにも思います。例えばＴ＋１での決済ぐらいまではすぐ行けるのではないでしょうか。このような理解に問題はないでしょうか。

　それから、先生は、取引の当事者等に関する情報を全部見せられるようになるとおっしゃっておられましたが、ネッティングするとなると匿名性は出てきてしまうというか、全ての取引について誰から誰に渡ったかということは記録されないということになると思います。この点はいかがでしょうか。

小出報告者　まず、デイトレーディングとかＨＦＴのようなものは、現状でも全て記録されているわけではなくて、最終的に１日のネッティングでやっているわけです。したがって、現状でも証券決済は、例えば私が何百万回取引をしても、最後の夕方に締めて、結局、私が差し引きでは100株売っただけだというのであれば、そこで私の口座から100株消えていくという形になっている。その場合、都度の取引で株式は移転していると考えているのですかね。ちょっとわかりませんが、そこの整理が必要になってくるんだと思います。

　もちろん、将来的にはミリ秒単位も含めて全部トレースできるということも技術的には可能性としてあり得るんだと思いますが、今は多分そうではないとすると、おっしゃるとおり、１日という単位で情報を記録していく。したがって、少なくとも毎日確認できるということぐらいは可能です。

　通常、会社にとって意味のある情報は、デイトレーディングとかＨＦＴの情報ではないんですよね。アクティビストでも何でもいいんですけれども、最終的に誰がその株式を取得しようとしているという意向を持っているかがポイントなので、その意味では、そういった手口が情報開示されるだけでも大分意味はあるのではないかなというのは、松尾先生と同じ理解をしています。

神作会長　先ほど武井さんから、実務的な観点からのご質問が出ましたけれど、実務的に詰める点が非常に多いかと思いますので、ぜひ実務家の方からのご質問、ご意見も含めて、今後進めていければと思いますが、どなたかご

発言ございますでしょうか。ご自由にご質問いただいて、もちろん結構ですけれども。

後藤委員　この辺の話に全く疎いもので、ひょっとしたら既にご指摘があったかもしれないんですけれども、いくつか質問させて頂きます。今の小出さんのお話で、仮に日本でこれをやるとすると、保振のシステムがブロックチェーンになるということかと思いますが、保振が中央管理者のままやるということなのだとすると、最初に分散台帳がプライベート型になってきて余り意味がないみたいなお話があったような気がするんですが、発行会社もネットワークに何らかの形で入ってくるので、発行会社が保振のところに載っているのをそのまま見られるようになる。そうすると、現在の制度では各証券会社の口座が階層構造を取っているわけですが、その階層も全部取っ払うというか、保振のシステムと各証券会社のところが一層になって、それを直接見に行けるようになるというイメージになるのでしょうか。そうだとすると、ブロックチェーンを入れただけでそうなるわけじゃなくて、仕組み全体をもうちょっと変えないといけない気がしたんですが、どこかで誤解しているでしょうか。

　それと、これは先ほどお話があったような気もするんですが、証券会社の口座に載っている人が見られるだけだと、カストディとかを使ったらそれが出てくるだけなので、実質株主が直接見えるようになるというのは、ブロックチェーンとどうつながっているのかがよくわからなかった。

　あと、もう1個、マイニングをするわけではないとすると、ある取引が適切に行われたということをどうやって判断するのかというのがわからなくて、いつもブロックチェーンの話とビットコインの話はよくわからなくなってしまうんですけれども、教えていただければ幸いです。よろしくお願いします。

小出報告者　いずれも大変大事な話でして、まず1つ目、仮に日本でこういうことをやろうとして、ブロックチェーンを保振で使うんだとすると、日銀の金融研究所の研究会で、神作先生もいらっしゃいましたけれども、報告書

45

が公表されています。ただ、そこでは今の保振法を前提として、そこにブロックチェーンを当てはめるとしたらどうなるかみたいな、ある意味では無茶な議論をしていたんです。

　無茶ということの意味は、後藤さんはその本質を突いておられていて、本来、ブロックチェーンは階層がないところに意味があるんです。全員が同じ層の中で同期されるところに意味があるのに、階層構造を持った保振法の中で、それを無理やり、例えば階層構造の下部にある証券会社の中における記録と、階層構造の上部にある保振の記録を全部ネットワークでつないだらどうだみたいな議論をしていたので、おっしゃるとおり、本質的には保振法の発想とブロックチェーンの発想は合っていないんです。

　なので、もし本当の意味でブロックチェーンに合うような保振的なシステムをつくろうとするんだったら、今の保振の階層構造を見直す必要があるだろうというのは前提としては多分ある。もちろん、階層構造を残してもブロックチェーンを導入することは不可能ではないことは、日銀金融研究所の研究会で検討されたとおりです。しかし、無理に合わせる必要は本来はない気がします。

　それから、保振がプライベートのチェーンで決済システムを運営するというものは、現実的にももっともありうると思います。ただ、おっしゃるとおり、それは分散台帳技術を使ってはいますけれども、分散台帳の特徴である透明性とかネットワーク参加者への同期というメリットは全く出てこないので、単に内部での情報管理の方法がこれまでと違うというだけで、保振はコストを多少削減できるかもというくらいの話です。けれども、分散台帳の特徴を生かして、お話ししたようないろんなインパクトを出していこうと思うのであれば、今お話があったように、会社も情報を同期できるようにするとか、場合によっては、今でいう口座管理機関、証券会社などがネットワークに参加していって、その中で情報が共有されていくということが１つ想定される。

　今回のデラウェアの立法もそうなんですけれども、技術的なところではど

ういうものかということは特定しているわけではないので、どういう特徴を持たせたいのか、単にコスト削減できればいいのか、それとも情報の同期もさせたいのかというところは、設計と会社の目的次第なんだろうなと思います。

　それから、常に実質株主が見えることになるわけではないという話もおっしゃるとおりです。アメリカでこのことがすごく言われているというのは、私の理解だと、発行会社、ＤＴＣＣ、カストディ、ブローカー、ブロードリッジなどのサービス提供業者など多くの関係者が存在していて、実質株主が誰かという情報は必ずしも発行会社から直接にはたどっていけないというシステムがまず前提にある。今の仕組みだと、そうならざるを得ない。それは階層構造みたいなものがあるからこういうことにならざるを得ないので、今は実質株主としての地位を隠したくない人でもこうなってしまっている。だけど、ブロックチェーンを使えばそもそもこういう階層構造は全くなくなる。

　そうすれば、匿名性が必要ないという人にとっては、議決権行使もできるようになるし、非常にシンプルになるよということを言いたいのがアメリカの議論だと思うんです。アメリカみたいにすごく複雑な構造になっていることを前提として、分散台帳技術でこういうことが可能になると、今みんなが当然のように思っている実務を変えられるインパクトがあるのだという問題に対する関心があるのかなと思います。ですから、おっしゃるとおりで、信託を使うなり何なり、隠そうと思えば何でも隠せるので、それは全く変わらないです。そうすると、次の問題は、今までは隠れざるを得なかったからしようがなかったものを、今後も自由に隠すことが認められていいのかどうかということになっていく。

　最後は、私もよくわかっていないんですけれども、例えばマイニングというのは、俗に Proof of work と呼ばれるものなんですが、これはパブリック型のように、そもそも誰も信頼できない人間というか、誰が誰かよくわからない人たちがみんなネットワークに入っている。その中でも信頼が確保できるということで、たとえ悪人が proof をやっても信頼が確保できるというた

めのメカニズムとして、Proof of work というものが使われているわけです。ネットワーク参加者全員、お互いがみんな信頼できる者、つまり顔が見えている者同士だとするならば、4ページ目に Proof of consensus と書いていますが、次のような仕組みを使うことができます。

　例えば保振とか、各証券会社とか、そのシステムのメンバーとなっている人たちが全員ブロック追加の権利を持っているんだけれども、ブロックを追加するためには、そうした権限があることを全メンバーに確認してもらうというコンセンサスベースでやっていく。そうすると、一遍コンセンサスベースで追加されたブロック上の情報について、後からそれを覆そうと思うと、そこでなされたコンセンサスというものを全部覆さなくてはいけなくなってくるので、現実的には勝手に改ざんすることはできなくなっていくということが想定されている。

　つまり、1人に任せておくと、その人がうそをついたらどうしようもないのですが、全員の同意に任せるのであれば、全員が悪者でない限りはそういうことは起きないということが言われています。なので、マイニング以外の方法というのも一応アルゴリズムとしてはあり得るということです。この辺は技術的なことなので私の理解が間違っているかもしれませんが、そういう理解をしています。

後藤委員　ありがとうございます。大変わかりやすかったです。

　最後に1つだけなんですが、個々の株主というのはどういう位置づけになって入ってくるんですか。ビットコインとかだと、仮想通貨交換業者がシステムの中に入っていて、単にそれと相対でやっているという位置づけだと思いますが、それと同じように、あくまで証券会社と発行会社だけがブロックチェーンの中に入っていて、個々の株主は外にいるということなのでしょうか。そうではなくて、個々の株主が全部これに入るのかというと、それでコンセンサスがうまく取れるのかというのがよくわからなくて、そこを教えていただければと思います。

小出報告者　これもどうとでもつくれるというか、証券会社だけでやること

もできるでしょうし、株主まで全ての情報を筒抜けに同期することもできるでしょう。もちろん、証券会社だけでやるとしても、証券会社レベルで情報が全部同期されますから、証券会社に行けばその情報をすぐにもらえるという意味では、今までよりは情報がとり易くなると思うんですけれども、それにとどまらず、言ってみればプッシュ型というか、ＰＣを立ち上げておけば、放っておいても情報が勝手に同期されていきますということまでやろうと思えば、確かにノードとして参加する、つまり、ネットワークに参加することを各株主に認めるということは当然にあり得るだろうと思います。

その場合は、おっしゃるとおり、多分、株主数も多くなってきますからProof of consensus はなかなか難しくなってくる。少数の株主ならばいいんでしょうけれども、別のコンセンサスが必要になってくる。それは、誰が入ってくるかわからない状況だったら、今存在するものであれば、ビットコインが採用する Proof of work なり、ないしはそれにイーサリアムが最近採用しているという Proof of stake とか、今既にパブリックなブロックチェーンで使われているもののシステムの上に乗ってやっていくということは１つ可能だろうと思います。

つまり、株主全員がネットワークに入っても情報を適切に記録していくことは可能だと思うんですけれども、ここは私も技術に詳しくないのでうそをついているとまずいんですが、やっぱり技術の組み方次第です。

尾崎委員　分散台帳を使うと株式の移転についてトレースができるという話について、今の質疑応答を伺っていると、どのレベルでどこまでトレースできるかは、結構いろんな選択肢があるのかなという印象を持ちました。報告の中で、株式買取請求に関連して、売買履歴をトレースできると、総会で賛成した株式と反対した株式で違う株式の市場ができるみたいな話をおっしゃっていたと思いますが、そのような話は、後のほうで出てきた証券法との関係の直近の IPO で売られた株式とそうじゃない株式とで、また違うマーケットができたりということがあり得るのかなというのが疑問として思ったことです。もしそうだとすると、そういう基準がいっぱい出てきたら、株式

の市場性がかなり崩れる可能性もあるのかなと思うんですが、それでもよいのでしょうか。

　もしそうだとすると、技術的に、事実上、トレースできないことを前提にしている法システムは、大分、改正を加えないといけない、トレースしないとかトレースさせないという場面が出てこないといけないみたいな影響を受け得るのかなと少し疑問に思ったので教えていただければと思います。

小出報告者　これも大変本質を突いたご質問で、おっしゃるとおりで、証券法11条との関係でも、特にIPO後にも株式が発行されていることを考えると、同じ株式であっても、証券法11条の請求ができるものとできないものが出てくるということになりますから、二分化した市場が存在してしまう可能性を否定できないだろうと思います。

　この二分化した市場みたいな話は、実は私が読んだ論文においても、こんな問題もあるかもねみたいなことでちょっと書いているだけで、それについての考察は書かれていない。だからということではないんですけれども、恐らくかなり難しい問題です。尾崎先生がおっしゃるとおり、これまでそもそもトレースできないがゆえに、今ある株式はどの株式も区別ができないというか、もともとの起源がわからないから、中身は全部同じなんだと考えられていたんだと思うんですけれども、言ってみれば、種類株式とは違った意味での種類ができてしまうみたいなことになってくるわけです。自分が今買う株式の過去の経歴によって、くっついてくる権利が変わってくることになって、そういうトレースが可能であることを前提とした制度というものを考えていかなければいけないかもしれないということです。

　例えば日本の買取請求権についても、そもそも原則として反対議決権行使をした株式だけが買取請求権を行使できるということになっているんですけれども、私の理解が正しければ、東京地判平成25年9月17日金判1427号54頁によれば、買取請求権というのは、株主総会の基準日後に株式を取得したものも基本的には行使できる。つまり、前者の基準日時点の株主がどのように議決権行使したかは全く関係なく買取請求権を行使できるということ

だったと思いますが、これは、各株主の保有している株式の過去のトレースができない以上、そのような結論をとらざるをえないんだと思います。

　証券法11条に関しては、tracing 要件はそもそもおかしな話で、これ自体がかなり批判の的になっているんです。もともと証券法11条も、市場に対する詐欺みたいなものがベースにあるとするならば、自分の買った証券の前保有者はどう行動したかということは全く関係ないはずなんです。にもかかわらず、そんな要件を課しているというのは、そもそもおかしいのだという指摘は昔からあるところで、さらに、尾崎先生のおっしゃるとおり、二分化された市場みたいな問題が出るのであれば、その要件のほうを本来見直すのが筋なんだろうと思います。

　日本だと金商法21条の2とかで行くならば、日本はこんな区分をしていないと思うんです。なので、日本であればこういう問題は起きないということなので、かなりアメリカの特異的なものなのかという気もします。

藤田委員　これがどこまでアメリカ固有の話かということと関係するんですけれども、末端の投資家が会社に対して直接権利行使するという制度を持っている国と持っていない国とでは、新しいイシューが持つ観念的なインパクトが全然違ってくると思うのです。かつて日本で今の振替制度をつくる前にいろいろ議論していた際に、どこかの研究会で思いつきで次のようなことを言ったことがあります。日本は実質株主名簿という制度があり、それを介して末端の投資家が会社に対して権利行使するという特異なシステムを持っている。日本の場合は、技術的な制約から総株主通知と個別株主通知というユニークな制度を介して階層構造の末端の投資家に権利行使させようとしている。理想的なことを言うと、そもそも券面をなくすときに、証券会社での証券の取引のデータが直ちに階層の一番上のところまで上がり、かつ、それが会社の持っている株主名簿と連動するシステムがつくれれば、総株主通知だの個別株主通知だのといった面倒くさい制度はみんな要らなくなる。逆に、こういった面倒な制度は、末端の投資家のデータがすぐには反映できない過渡的な措置で、将来はそれがない理想的な証券決済システムができることで

しょう、そういったことを申し上げたことがあります。

　今日の話は、それを可能にする技術ができたという受けとめ方もできなくはない。その場合の制度の作りは比較的はっきりしていて、証券保管振替機構と発行会社が全ての情報を見ることができる形で情報を同期すれば、残りのシステムはそのまま維持できる。こういう形にすると、現在の会社法の構造はインパクトを受けることはなくて、総株主通知と個別株主通知という不十分な制度で媒介してできるだけ末端の投資家に権利行使できるようにしていたところが、そういう手間をかけずにできるようになるというだけです。株主名簿を会社がどの範囲の人に見せるべきかとかいった話も、現在の会社法上の政策的な価値判断はそのまま維持できる。中間的な制度を介しているがゆえに起きていた不十分なところだけはなくなるというふうに整理できるわけです。

　そういう意味では、今日の話は、日本では何ひとつ観念的なインパクトはないものとして受容することも可能です。ありとあらゆる株主情報は公的な情報で全ての人が見られるべきではないかとか、証券取引における匿名性をどこまで守るかとか、そういう点において、従来の価値判断を全面的に見直さないまま受けとめることは日本で可能です。

　そうなってくると、この話について日本では他の国とは受けとめ方が全然違ってきて当然なのかもしれない。これは日本が末端の投資家による直接的な権利行使という建前を維持している数少ない国だからなのでしょう。そうだとすると、分散台帳技術の証券取引に与えるインパクトといっても、外国の議論と接するときに注意して、前提の差をよく考えたほうがいいという印象を持ちました。

　ただし、分散台帳技術を使った決済についても、つくり方によっては、日本法の下でも新しい問題はあるかもしれない。たとえば既存の振替制度の外でこれを使うようなことを考え出すと、いろいろ厄介な問題を引き起こすかもしれず、かえって不透明性を増すようなシステムにつながるかもしれないが、もともと非上場会社については、それも仕方ないと割り切ればいいだけ

の問題なのかもしれません。ただ業者規制がおよそかからない形で匿名性が非常に高まる世界がつくりやすくなるという意味では、非上場会社との関係では別の形の規制が必要かもしれない。さらには上場会社は、いつまでも既存の振替制度だけでやらなきゃいけないかという話についても、あわせて考えなければいけないのかもしれないですね。

小出報告者 大変クリアに整理していただきましてありがとうございます。

おっしゃるとおり、日本はもちろん実質株主名簿というものもありますし、もともと既に振替口座簿の記載によって直接株主としての権利を取得するという制度になっているんです。日本はそもそもアメリカのような意味での名義株主というのは存在していないとなっているわけです。そうすると、今、実質株主名簿でやっていることを、端的に会社法上の株主名簿においてすることができるようになったということです。ですので、ある意味、会社法に戻る世界になって、非常にシンプルで、本当はそうあるべきだと思います。社振法の改正なんかは必要だと思いますけれども、おっしゃるとおりそのようなことは可能だろうと思います。

ただ、その後、株主の情報みたいなものを本当に広く開示すべきかどうかというのは、これまでの前提を覆しているのかもしれず、別の価値判断を要するように思います。つまり、これまで日本では制度的に、株主の手口を、ある意味では見られるべきものを隠すという価値判断をとってきたということなんですかね。そうだとすると、確かにそれを逆に転換するということは、大きな考え方の転換となるのかもしれません。逆に何で日本はこれまでそれを隠していていいことになってきたのかというのは、よくわからない部分はあるという気はします。

でも、おっしゃるとおり、アメリカと日本では大分制度が違っていて、私もきょう、最後に日本への示唆みたいな話をあえてしなかったのは、そのまま日本に持ってくるという話ではないなという気がしたからです。その意味では、今日の報告は本当にアメリカの紹介にとどまる話にすぎません。ただ、今後アメリカで恐らくこういう変化を前提としたような研究は出てくると思

いますので、それを読む際に日本と違うのだということがわかっていただければいいかなと思いました。

飯田委員 議決権行使への影響についてのアメリカでの議論についてですが、分散台帳の技術を使うと、基準日という制度がおよそなくなるという前提で議論されているけれども、それは別の話ですよね。要するに、分散台帳を使うかどうかというのと、基準日制度を使うかというのは全く別の話ですけれども、分散台帳の技術ができれば基準日制度なしでも総会ができるようになる。そうすると、どういう世界が待っているかということだと思います。

　それとの関係で、仮に基準日を使わずに総会当日の株主だけでやるとなったときに、合併などへの賛成票がふえるかという論点についてですけれども、買取請求権が発生しない場合だったら、ご紹介いただいた議論での賛成票が増えるというロジックは、説得力がある気もしました。

　他方で、投票率はどうなるのでしょうか。アメリカでは、棄権は反対票と同じ扱いになることも多いと思いますので、投票率への影響を考える必要があると思います。委任状勧誘が容易になるという話もありましたけれども、総会の当日に株式を購入した人に対する委任状勧誘は事実上できないのではないかという気もします。その辺、アメリカでどういう議論がされているのか、もし何かあれば教えてください。

小出報告者 基準日に関してはおっしゃるとおりです。基準日というかrecord date と言うべきかもしれませんけれども、何のために record date というものがあるのかというところだと思いますが、record date をなくしても実務がワークはするという場合に、何のために record date を用いて、総会時点の株主と違う株主に議決権行使をさせるのかということについては、逆に言えば、別のロジックが必要になってくるのかなと思います。

　招集通知とか参考書類とかの送付の期日と record date はそもそも違う概念とすることもできると思いますけれども、情報の提供というところで見ても、record date を使わなくてもクリアする方法もないわけではない。そうであるとすると、record date を廃止しなくちゃいけないわけじゃないので

しょうが、残しておく意味は別途検討する必要があるのではないかというのが1つです。

　もう1つのご指摘については、おっしゃるとおり、買取請求権の理論的なところは、本当は飯田先生に教えていただかないといけないんですけれども、難しいというか、いろいろな制度や要素が絡まって、結局どういう影響が出るかというのは一概には言えるものではないだろうなという気がします。委任状勧誘についてのお話は、全く盲点でしたけれども、おっしゃるとおり、現実的には大変困難になっていくんだと思います。

　さらに、当日買った人は、みんな総会に参加しようと思って買っているかというとそうでもないでしょうし、逆に言うと、多分総会決議は通るだろうと思ってみんな買っていると見れば、自分は議決権行使なんかしなくてもよいだろうというふうに、むしろ合理的無関心の問題がふえていくほうに影響するということも言えそうですから、確かに非常に複雑な要因が絡んできて一概には言えないような気がしました。

神作会長　まだまだご議論はあろうかと思いますけれども、時間も参りましたので、本日の研究会はこれで終了させていただきたいと思います。

　小出先生、貴重なご報告、大変ありがとうございました。

　次回の研究会ですけれども、お手元の議事次第にございますように、9月10日の午後2時から、後藤元先生からご報告いただくということになっております。会場は、本日と同じ太陽生命日本橋ビル8階の本会議室です。

　それでは、本日の研究会はこれで閉会とさせていただきます。お忙しいところ、どうもありがとうございました。

会社法・証券法における分散台帳の利用―デラウェア州会社法改正などを参考として

小出篤（学習院大学）

はじめに

- いわゆる分散台帳(distributed ledger）は、本質的には記録システムであり、記録が求められる（あるいは記録が有用となる）さまざまな用途に応用が可能
- 米国デラウェア州一般事業会社法（DGCL)の2017年改正は、会社法の分野での分散台帳の応用を可能にしたとされる
- その会社法・証券法へのインパクトについて、米国でなされている議論を紹介する

分散台帳とは何か

- 特定の中央サーバーではなく、P2Pネットワーク上で管理される記録→ネットワーク上において常に情報が同期される
- 中央管理者が責任を持って記録を書き換えていくのではなく、ネットワーク参加者によるコンセンサス（そのあり方をコンセンサスアルゴリズムといい、さまざまなものがある）によって記録が追加されていく
- いつ誰がどのような記録を追加していったかが、高い透明性を持ってネットワーク参加者に共有される

分散台帳とは何か

Ex.ビットコインにおけるブロックチェーン

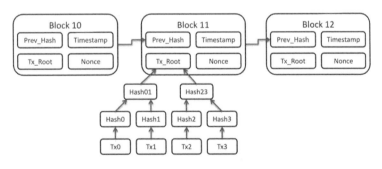

Matthaus Wanderによる。ウィキメディア・コモンズより、クリエイティブ・コモンズの許諾条件に従い引用。
https://commons.wikimedia.org/wiki/File:Bitcoin_Block_Data.png

分散台帳の種類

- ネットワーク参加者の範囲による区分
「パブリック型」→誰でも参加可能、中央管理者はいない
「コンソーシアム型」→複数の参加者が管理を行う
「プライベート型」→単独の中央管理者が管理を行う
- コンセンサスアルゴリズムによる区分
Proof of work（ビットコインのマイニングなど）
Proof of stake（多くのコインを持つ者に権限が付与される）
Proof of importance（コイン保有量や取引量など、参加量の多い者
に権限が付与される）
Proof of consensus（信頼性のある参加者が指定され、権限が付与
される）

分散台帳の特徴

- これまでの「帳簿」「データベース」は、誰かが責任を持ってこれ
を中央で管理することが前提
＊記録される情報が増えれば増えるほど中央管理者のコストは増大
（冗長性の確保、セキュリティ確保など）
＊本質的には情報はプライベートなものとなり、特に開示しない限
りは、管理者以外は当然にはこれにアクセスできない（開示する場
合には、中央管理者から情報を必要とする者への情報の伝達の手
間・コストが必要）
＊中央管理者などによる記録の改竄（修正）や抹消の可能性
- 「分散型台帳」は、設計によっては、以下の特質を持ちうる
①情報の連携・共有（同期）
②高い耐改ざん性（過去のすべての履歴の保存）
③低コスト

Delaware Blockchain Initiative

- 2016年6月　州知事Jack Markellにより立ち上げ
  ＊Symbiont社と提携し、公文書のブロックチェーン管理や、州会社局の会社登記システムのブロックチェーン化などを目指す
- 2017年1月　John Carneyが州知事に就任
- 2017年7月　DGCL改正法案に署名、成立（8月1日より施行）
  　　　→その一部はブロックチェーンの会社法における法的承認
- 2018年7月　州はDelaware Blockchain InitiativeについてIBMと提携→動産担保におけるUCCファイリングと、株主名簿におけるブロックチェーンの実用化への取り組みを進める

2017年DGCL改正("Blockchain Amendments")

- 219条(a)項（株主総会において議決権を行使できる株主リストの作成義務）→リストの社外作成・管理（分散台帳などネットワーク上での作成・管理を含む）が可能であることを明らかにする
- 219条(c)項→株主名簿(stock ledger)の定義と記載内容を設ける
  ＊社外管理を可能にした（"by or on behalf of"）
  ＊すべての「記録株主」の名前・住所・株式数、株式のすべての発行と譲渡を、224条に従って記録
  ＊「記録株主」が誰かについては言及しない（名義株主か、それとも探査によって明らかになった実質株主を含むか）
  ＊会社が株主名簿に関与していることは必要（会社が関与しない記録は株主名簿としての機能を持たない）

2017年DGCL改正

- 224条（株主名簿、会計帳簿、議事録などの会社記録について）→分散台帳の承認
  - ＊社外管理を認める
  - ＊分散台帳技術（「分散電子ネットワーク」）への言及
  - ＊株主記録に用いることのできる会社記録の要件
    - ①株主総会で議決権を行使できる株主のリストを作成できること（cf.219条）、適切な目的のための株主検査権を行使できる株主のリストを作成できること（cf.220条）
    - ②無券面株式である一部払込株式についての情報（cf.156条）、株式担保（譲渡担保含む）についての情報（cf.159条）、共有株式等についての議決権配分の情報（cf.217条(a)）、議決権信託についての情報（cf.218条）を記録していること
    - ③株式の移転に関する規定（UCC8編（投資証券）を採用）による株式の移転を記録していること（後述）

2017年DGCL改正

- 232条→電子的送信による通知において、分散台帳の方法を認める
  - ＊151条、202条、364条も同趣旨の改正
- 株主名簿などの記録を分散台帳で管理することを認める→分散台帳上で株式を発行する（発行の記録）ことも可能になる
  - ＊具体的な方法の例
    - ①デラウェア州会社局が、授権株式数を会社に「移転」し、その記録を第1のブロックとする
    - ②次いで、会社は新株発行のたびにその「移転」された授権株式の中から株式を新株主に「移転」していって、ブロックに記録していく
    - →これにより、授権株式の二重利用が起きなくなり、完全な株主リストが作成されていく

分散台帳における株主名簿と株式の移転

- Delaware Code Article 8 of subtitle I of Title 6（ＵＣＣ８編を採用）
    株式の移転→deliveryによる
      ①券面ある株式の場合→（原則）証券の交付
      ②無券面株式の場合→（原則）発行者が購入者を登録所有
                     者とする旨の移転登録を行う
- 「株式の移転の記録」をすることが「株主名簿」を（分散台帳を含む）電子的方法により記録することの要件である（ＤＧＣＬ２２４条）ため、券面株式発行会社は分散台帳の利用はできないことになる（券面ある株式では株式の移転の記録はされない）
  ＊なお、券面株式発行会社が無券面化することは取締役会決議のみで可能だが、その効力が発生するにはすべての券面が会社に提出される必要がある（ＤＧＣＬ１５８条）

分散台帳上の新株発行の会社にとってのメリット

- 証券決済に関わってきたさまざまな中間業者を中抜きできることになり、コスト削減につながる
- 資本政策表（cap table：増資の経緯や株主構成などの記録。Ｍ＆Ａ等の場合のデューディリジェンスでは必須）の作成と信頼性の担保が容易になる→資本政策の管理が容易に
- スマートコントラクトと組み合わせることで、種類株式の管理や条件の自動執行（転換条項や拒否権条項など）が容易に

他州の動向等

- 他州でも同様の立法（審議中を含む）が見られる
  アリゾナ州
  カリフォルニア州（非上場会社に限定して株主名簿を分散台帳で管理可能）
  ニュージャージー州
  メリーランド州
  ワイオミング州、、、
- デラウェア州ではＬＰ、ＬＬＰ、トラストにも同様の立法がされた

米国における証券決済のしくみ

- Depository Trust & Clearing Corporation (DTCC)を用いた証券決済
  ＊株券はDTCCが保管、名義はDTCCの子会社であるCede & Co.となる
  ＊DTCCに口座を保有するのはカストディアンまたはブローカー証券会社
  ＊実質株主は、カストディアン（主に大口機関投資家）またはブローカー（主に個人投資家やヘッジファンド）を通じて株式を「保有」するが、その管理はカストディアン・ブローカーが行っており、DTCCおよび発行会社は誰が実質株主かを把握していない（多くの場合、カストディアン等はそれを発行会社に通知できない契約となっている）→DTCCの保管するどの株券が誰のものかは特定されていない
  ＊株式の決済は、DTCCの帳簿の増減およびカストディアン・ブローカー内の帳簿の増減によって行われる→取引から決済まで時間がかかる（T+2(2017年まではT+3)）

In re Dole Food Co. Stockholder Litigation, 2017 WL 624843 (Del. Ch. 2017)

- Dole社をターゲットとした一段階取引合併(single-step merger)による非上場化→11月1日に取引完了、Dole株主に1株あたり13．5ドルの対価が支払われる（11月1日現在の名義株主であるCede & Co.に支払われ、DTCCはそれらをカストディアンなどに分配、その後実質株主に分配されていく）
- Dole株主がDoleの経営者（買収者）に対して株主代表訴訟を提起し、1株あたり2.74ドルを支払うことでで和解→和解管理者を通じて権利ある株主に通知がなされ、株主から請求を受け付けることにしたが、対象となる発行済株式が約3700万株のところ、約4900万株分の請求がなされた

In re Dole Food Co. Stockholder Litigation, 2017 WL 624843 (Del. Ch. 2017)

- なぜこのようなことが起こったか？
11月1日現在のDTCCの記録は、T+3の元では、10月30日、31日、11月1日の取引を反映できていない→ここで合計約3200万株分の取引が行われていた→11月1日現在の記録上の株主（名義株主）と、11月1日の実質株主の両方が権利行使をしてきた。
また、大量のショート取引も行われており、貸株に充てられた株式の株主も、権利を行使できると信じて行使していた。
- 結局、対価と同じように、名義株主を通じて分配することになった
- Laster判事のコメント：これは、Dole固有の問題ではなく、わが国の証券決済システムの問題であり、実質株主を即座に特定できないことに基づく。分散台帳はこれへの有効な対処となりうる。

米国における議決権行使の流れとそれに伴う問題

- 発行会社→ＤＴＣＣ→カストディ、ブローカー→株主管理サービスプロバイダー（Broadridgeなど）→実質株主（場合によっては、議決権行使助言会社や、委任状勧誘者がからむことも）
- このような複雑な階層を通じて、実質株主が探索され、株主総会関係書類などが提供され、議決権行使の指示がなされていく
- 時間がかかる→"record date"（基準日）（総会の１０日以上６０日以下）→議決権行使者と実質株主とのずれが生ずる
- 名義株主による反対議決権行使された株式の中に、ある実質株主の株式が入っているかどうかが確定できない
- 伝達過誤のおそれ→In re Appraisal of Dell Inc., 143 A.3d 20 (Del. Ch. 2016)（実質株主（T. Rowe Price）は反対議決権行使を指示したにもかかわらず過誤により賛成議決権行使がなされ、株式買取請求権を失った）

実質株主を即座に会社が把握できるようになることの影響

- 議決権行使などのコストの低下
- 合併等のアナウンス後、株主総会までに株式を取得した者も議決権行使と株式買取請求権行使が可能になる
- 合併などへの賛成票は増える？

＊なお、分散台帳利用により、株式売買履歴を容易にトレースできるようになることで、反対議決権行使をした株式（買取請求権つき）と、賛成議決権行使をした株式とで異なる市場が登場する可能性

議決権行使への他の影響

- Tenure votingの実現可能性が増える？
- 決済期間や基準日の存在により生ずる意図しないempty voting類似の問題は抑えられる
- 株主の議決権行使における株主の真実の意思との齟齬という問題は緩和されうる→だからといって株主の権利を拡大するべきということには当然にはならない
- 委任状勧誘が容易になる→他の株主も、実質株主にリアルタイムにアクセスできるとした場合

証券法の虚偽開示責任

- 証券法１１条→証券発行時における発行登録書類等の虚偽の言明について、発行者・引受人等に厳格な責任を課す
  *被告の主観的要件（サイエンターなど）はない
  *発行から１年以内の取得であれば、信頼要件もない
- ただし、虚偽の言明のあった発行において発行された株式を取得したことを証明しなければならない（tracing)→これが事実上、１１条を限られた場合しか使えないものとしていた（ＩＰＯで取得したとか、ＩＰＯ後元々の株主がまだ売却していないなど、虚偽の言明のあった株式以外が存在しないことを完全に証明しなければならない）　*高度の確率が存在するとか、割合的処理とかも認められない
- 分散台帳の利用により、株式移転のtracingが容易に→１１条責任は頻発するか？

証券法の虚偽開示責任

- 10b-5責任について、真に利得を得たのは、虚偽開示中に売り抜けた株主にもかかわらず、彼らは責任を負わない→結局、被害を受けた株主間の利益移転になっている
- 分散台帳はこの問題への解を与える？

誰にどこまでの情報が開示されるべきか？

- 売買手口の開示？
- アクティビスト投資家への影響
- インサイダー取引・株式報酬への影響
- 相場操縦規制への影響

株主名簿の分散台帳化は進むか？

- 今のところ進んでいない
- 既存のシステムとの統合の難しさ
- 技術が追いつくか？スピードの問題？もっとも、デイトレーディングやＨＦＴに対応できるようなシステム（取引所の注文処理システムのようなシステム）が求められているわけではない。証券決済は今でもネッティングで対応されているので、スピード重視ではない。
- コストは誰が負担するか？フリーライダー問題
- プライバシー
- 情報アクセス権を誰にどこまで与えるか

Section 1. Amend § 151(f), Title 8 of the Delaware Code, by making insertions as shown by underline and deletions as shown by strike through as follows:

(f) If any corporation shall be authorized to issue more than 1 class of stock or more than 1 series of any class, the powers, designations, preferences and relative, participating, optional, or other special rights of each class of stock or series thereof and the qualifications, limitations or restrictions of such preferences and/or rights shall be set forth in full or summarized on the face or back of the certificate which the corporation shall issue to represent such class or series of stock, provided that, except as otherwise provided in § 202 of this title, in lieu of the foregoing requirements, there may be set forth on the face or back of the certificate which the corporation shall issue to represent such class or series of stock, a statement that the corporation will furnish without charge to each stockholder who so requests the powers, designations, preferences and relative, participating, optional, or other special rights of each class of stock or series thereof and the qualifications, limitations or restrictions of such preferences and/or rights. Within a reasonable time after the issuance or transfer of uncertificated stock, ~~the corporation shall send to~~ the registered owner thereof shall be given a ~~written~~ notice , in writing or by electronic transmission, containing the information required to be set forth or stated on certificates pursuant to this section or § 156, § 202(a) ~~or,~~ § 218(a) or § 364 of this title or with respect to this section a statement that the corporation will furnish without charge to each stockholder who so requests the powers, designations, preferences and relative participating, optional or other special rights of each class of stock or series thereof and the qualifications, limitations or restrictions of such preferences and/or rights. Except as otherwise expressly provided by law, the rights and obligations of the holders of uncertificated stock and the rights and obligations of the holders of certificates representing stock of the same class and series shall be identical.

Section 2. Amend § 202(a), Title 8 of the Delaware Code, by making insertions as shown by underline and deletions as shown by strike through as follows:

(a) A written restriction or restrictions on the transfer or registration of transfer of a security of a corporation, or on the amount of the corporation's securities that may be owned by any person or group of persons, if permitted by this section and noted conspicuously on the certificate or certificates representing the security or securities so restricted or, in the case of uncertificated shares, contained in the notice or notices ~~sent~~ given pursuant to § 151(f) of this title, may be enforced against the holder of the restricted security or securities or any successor or transferee of the holder including an executor, administrator, trustee, guardian or other fiduciary entrusted with like responsibility for the person or estate of the holder. Unless noted conspicuously on the certificate or certificates representing the security or securities so restricted or, in the case of uncertificated shares, contained in the notice or notices ~~sent~~ given pursuant to § 151(f) of this title, a restriction, even though permitted by this section, is ineffective except against a person with actual knowledge of the restriction.

Section 5.   Amend § 219(a), Title 8 of the Delaware Code, by making insertions as shown by underline and deletions as shown by strike through as follows:

(a)   ~~The officer who has charge of the stock ledger of a~~ The   corporation shall prepare ~~and make~~, at least 10 days before every meeting of stockholders, a complete list of the stockholders entitled to vote at the meeting; provided, however, if the record date for determining the stockholders entitled to vote is less than 10 days before the meeting date, the list shall reflect the stockholders entitled to vote as of the tenth day before the meeting date, arranged in alphabetical order, and showing the address of each stockholder and the number of shares registered in the name of each stockholder. Nothing contained in this section shall require the corporation to include electronic mail addresses or other electronic contact information on such list. Such list shall be open to the examination of any stockholder for any purpose germane to the meeting for a period of at least 10 days prior to the meeting: (i) on a reasonably accessible electronic network, provided that the information required to gain access to such list is provided with the notice of the meeting, or (ii) during ordinary business hours, at the principal place of business of the corporation. In the event that the corporation determines to make the list available on an electronic network, the corporation may take reasonable steps to ensure that such information is available only to stockholders of the corporation. If the meeting is to be held at a place, then a list of stockholders entitled to vote at the meeting shall be produced and kept at the time and place of the meeting during the whole time thereof and may be examined by any stockholder who is present. If the meeting is to be held solely by means of remote communication, then such list shall also be open to the examination of any stockholder during the whole time of the meeting on a reasonably accessible electronic network, and the information required to access such list shall be provided with the notice of the meeting.

Section 6.   Amend § 219(c), Title 8 of the Delaware Code, by making insertions as shown by underline and deletions as shown by strike through as follows:

(c) For purposes of this chapter, "stock ledger" means one or more records administered by or on behalf of the corporation in which the names of all of the corporation's stockholders of record, the address and number of shares registered in the name of each such stockholder, and all issuances and transfers of stock of the corporation are recorded in accordance with § 224 of this title. The stock ledger shall be the only evidence as to who are the stockholders entitled by this section to examine the list required by this section or to vote in person or by proxy at any meeting of stockholders.

Section 7.   Amend § 224, Title 8 of the Delaware Code, by making insertions as shown by underline and deletions as shown by strike through as follows:

§ 224. Form of records.

Any records ~~maintained~~ administered   by ~~a~~ or on behalf of the   corporation in the regular course of its business, including its stock ledger, books of account, and minute books, may be kept on, or by means of, or be in the form of, any information storage device, ~~or~~ method , or one or more electronic networks or databases (including one or more distributed electronic networks or databases),   provided that the records so kept can be converted into clearly legible paper form within a reasonable time ~~. Any corporation shall so~~, and, with respect to the stock ledger, that the records so kept (i) can be used to prepare the list of stockholders specified in § 219 and § 220 of this title, (ii) record the information specified in § 156, § 159, § 217(a) and § 218 of this title, and (iii) record transfers of stock as governed by Article 8 of subtitle I of Title 6. Any corporation shall   convert any records so kept   into clearly legible paper form   upon the request of any person entitled to inspect such records pursuant to any provision of this chapter. When records are kept in such manner, a clearly legible paper form ~~produced~~ prepared   from or by means of the information storage device ~~or method shall be~~, method, or one or more electronic networks or databases (including one or more distributed electronic networks or databases) shall be valid and   admissible in evidence, and accepted for all other purposes, to the same extent as an original paper record of the same information would have been, provided the paper form accurately portrays the record.

Section 11.   Amend § 232(c), Title 8 of the Delaware Code, by making insertions as shown by underline and deletions as shown by strike through as follows:

(c) For purposes of this chapter, "electronic transmission" means any form of communication, not directly involving the physical transmission of paper, including the use of, or participation in, one or more electronic networks or databases (including one or more distributed electronic networks or databases), that creates a record that may be retained, retrieved and reviewed by a recipient thereof, and that may be directly reproduced in paper form by such a recipient through an automated process.

Section 36.   Amend § 364, Title 8 of the Delaware Code, by making insertions as shown by underline and deletions as shown by strike through as follows:

§ 364 Stock certificates; notices regarding uncertificated stock.

Any stock certificate issued by a public benefit corporation shall note conspicuously that the corporation is a public benefit corporation formed pursuant to this subchapter. Any notice ~~sent~~ given by a public benefit corporation pursuant to § 151(f) of this title shall state conspicuously that the corporation is a public benefit corporation formed pursuant to this subchapter.

[参考]　既に公表した「金融商品取引法研究会（証券取引法研究会）研究記録」

第1号「裁判外紛争処理制度の構築と問題点」　　　　　　2003年11月
　　　　報告者　森田章同志社大学教授

第2号「システム障害と損失補償問題」　　　　　　　　2004年1月
　　　　報告者　山下友信東京大学教授

第3号「会社法の大改正と証券規制への影響」　　　　　2004年3月
　　　　報告者　前田雅弘京都大学教授

第4号「証券化の進展に伴う諸問題（倒産隔離の明確化等）」　2004年6月
　　　　報告者　浜田道代名古屋大学教授

第5号「EUにおける資本市場法の統合の動向　　　　　2005年7月
　　　　　　　—投資商品、証券業務の範囲を中心として—」
　　　　報告者　神作裕之東京大学教授

第6号「近時の企業情報開示を巡る課題　　　　　　　　2005年7月
　　　　　　　—実効性確保の観点を中心に—」
　　　　報告者　山田剛志新潟大学助教授

第7号「プロ・アマ投資者の区分—金融商品・　　　　　2005年9月
　　　　　　販売方法等の変化に伴うリテール規制の再編—」
　　　　報告者　青木浩子千葉大学助教授

第8号「目論見書制度の改革」　　　　　　　　　　　　2005年11月
　　　　報告者　黒沼悦郎早稲田大学教授

第9号「投資サービス法(仮称)について」　　　　　　　2005年11月
　　　　報告者　三井秀範金融庁総務企画局市場課長
　　　　　　　　松尾直彦金融庁総務企画局
　　　　　　　　　　投資サービス法(仮称)法令準備室長

第10号「委任状勧誘に関する実務上の諸問題　　　　　2005年11月
　　　　　　　—委任状争奪戦（proxy fight）の文脈を中心に—」
　　　　報告者　太田洋 西村ときわ法律事務所パートナー・弁護士

第11号「集団投資スキームに関する規制について　　　2005年12月
　　　　　　　—組合型ファンドを中心に—」
　　　　報告者　中村聡 森・濱田松本法律事務所パートナー・弁護士

第12号「証券仲介業」　　　　　　　　　　　　　　　2006年3月
　　　　報告者　川口恭弘同志社大学教授

第 13 号「敵対的買収に関する法規制」　　　　　　　　　2006 年 5 月
　　　　　報告者　中東正文名古屋大学教授

第 14 号「証券アナリスト規制と強制情報開示・不公正取引規制」　2006 年 7 月
　　　　　報告者　戸田暁京都大学助教授

第 15 号「新会社法のもとでの株式買取請求権制度」　　　2006 年 9 月
　　　　　報告者　藤田友敬東京大学教授

第 16 号「証券取引法改正に係る政令等について」　　　　2006 年 12 月
　　（ＴＯＢ、大量保有報告関係、内部統制報告関係）
　　　　　報告者　池田唯一　金融庁総務企画局企業開示課長

第 17 号「間接保有証券に関するユニドロア条約策定作業の状況」　2007 年 5 月
　　　　　報告者　神田秀樹　東京大学大学院法学政治学研究科教授

第 18 号「金融商品取引法の政令・内閣府令について」　　2007 年 6 月
　　　　　報告者　三井秀範　金融庁総務企画局市場課長

第 19 号「特定投資家・一般投資家について―自主規制業務を中心に―」　2007 年 9 月
　　　　　報告者　青木浩子　千葉大学大学院専門法務研究科教授

第 20 号「金融商品取引所について」　　　　　　　　　　2007 年 10 月
　　　　　報告者　前田雅弘　京都大学大学院法学研究科教授

第 21 号「不公正取引について―村上ファンド事件を中心に―」　2008 年 1 月
　　　　　報告者　太田 洋 西村あさひ法律事務所パートナー・弁護士

第 22 号「大量保有報告制度」　　　　　　　　　　　　　2008 年 3 月
　　　　　報告者　神作裕之　東京大学大学院法学政治学研究科教授

第 23 号「開示制度（Ⅰ）―企業再編成に係る開示制度および　2008 年 4 月
　　集団投資スキーム持分等の開示制度―」
　　　　　報告者　川口恭弘 同志社大学大学院法学研究科教授

第 24 号「開示制度（Ⅱ）―確認書、内部統制報告書、四半期報告書―」　2008 年 7 月
　　　　　報告者　戸田　暁　京都大学大学院法学研究科准教授

第 25 号「有価証券の範囲」　　　　　　　　　　　　　　2008 年 7 月
　　　　　報告者　藤田友敬　東京大学大学院法学政治学研究科教授

第 26 号「民事責任規定・エンフォースメント」　　　　　2008 年 10 月
　　　　　報告者　近藤光男　神戸大学大学院法学研究科教授

第 27 号「金融機関による説明義務・適合性の原則と金融商品販売法」2009 年 1 月
　　　　　報告者　山田剛志　新潟大学大学院実務法学研究科准教授

第 28 号「集団投資スキーム（ファンド）規制」　　　　　2009 年 3 月
　　　　　報告者　中村聡 森・濱田松本法律事務所パートナー・弁護士

第 29 号「金融商品取引業の業規制」   2009 年 4 月
　　　　　報告者　黒沼悦郎　早稲田大学大学院法務研究科教授

第 30 号「公開買付け制度」   2009 年 7 月
　　　　　報告者　中東正文　名古屋大学大学院法学研究科教授

第 31 号「最近の金融商品取引法の改正について」   2011 年 3 月
　　　　　報告者　藤本拓資　金融庁総務企画局市場課長

第 32 号「金融商品取引業における利益相反   2011 年 6 月
　　　　　　—利益相反管理体制の整備業務を中心として—」
　　　　　報告者　神作裕之　東京大学大学院法学政治学研究科教授

第 33 号「顧客との個別の取引条件における特別の利益提供に関する問題」2011 年 9 月
　　　　　報告者　青木浩子　千葉大学大学院専門法務研究科教授
　　　　　　　　　松本譲治　ＳＭＢＣ日興証券　法務部長

第 34 号「ライツ・オファリングの円滑な利用に向けた制度整備と課題」2011 年 11 月
　　　　　報告者　前田雅弘　京都大学大学院法学研究科教授

第 35 号「公開買付規制を巡る近時の諸問題」   2012 年 2 月
　　　　　報告者　太田 洋 西村あさひ法律事務所弁護士・NY州弁護士

第 36 号「格付会社への規制」   2012 年 6 月
　　　　　報告者　山田剛志　成城大学法学部教授

第 37 号「金商法第 6 章の不公正取引規制の体系」   2012 年 7 月
　　　　　報告者　松尾直彦　東京大学大学院法学政治学研究科客員
　　　　　　　　　教授・西村あさひ法律事務所弁護士

第 38 号「キャッシュ・アウト法制」   2012 年 10 月
　　　　　報告者　中東正文　名古屋大学大学院法学研究科教授

第 39 号「デリバティブに関する規制」   2012 年 11 月
　　　　　報告者　神田秀樹　東京大学大学院法学政治学研究科教授

第 40 号「米国 JOBS 法による証券規制の変革」   2013 年 1 月
　　　　　報告者　中村聡 森・濱田松本法律事務所パートナー・弁護士

第 41 号「金融商品取引法の役員の責任と会社法の役員の責任   2013 年 3 月
　　　　　　—虚偽記載をめぐる役員の責任を中心に—」
　　　　　報告者　近藤光男　神戸大学大学院法学研究科教授

第 42 号「ドッド=フランク法における信用リスクの保持ルールについて」 2013 年 4 月
　　　　　報告者　黒沼悦郎　早稲田大学大学院法務研究科教授

第 43 号「相場操縦の規制」   2013 年 8 月
　　　　　報告者　藤田友敬　東京大学大学院法学政治学研究科教授

第44号「法人関係情報」 2013年10月
　　　　　報告者　川口恭弘　同志社大学大学院法学研究科教授
　　　　　　　　　平田公一　日本証券業協会常務執行役

第45号「最近の金融商品取引法の改正について」 2014年6月
　　　　　報告者　藤本拓資　金融庁総務企画局企画課長

第46号「リテール顧客向けデリバティブ関連商品販売における民事責任 2014年9月
　　　　―「新規な説明義務」を中心として―」
　　　　　報告者　青木浩子　千葉大学大学院専門法務研究科教授

第47号「投資者保護基金制度」 2014年10月
　　　　　報告者　神田秀樹　東京大学大学院法学政治学研究科教授

第48号「市場に対する詐欺に関する米国判例の動向について」 2015年1月
　　　　　報告者　黒沼悦郎　早稲田大学大学院法務研究科教授

第49号「継続開示義務者の範囲―アメリカ法を中心に―」 2015年3月
　　　　　報告者　飯田秀総　神戸大学大学院法学研究科准教授

第50号「証券会社の破綻と投資者保護基金 2015年5月
　　　　―金融商品取引法と預金保険法の交錯―」
　　　　　報告者　山田剛志　成城大学大学院法学研究科教授

第51号「インサイダー取引規制と自己株式」 2015年7月
　　　　　報告者　前田雅弘　京都大学大学院法学研究科教授

第52号「金商法において利用されない制度と利用される制度の制限」 2015年8月
　　　　　報告者　松尾直彦　東京大学大学院法学政治学研究科
　　　　　　　　　　　　　　客員教授・弁護士

第53号「証券訴訟を巡る近時の諸問題 2015年10月
　　　　―流通市場において不実開示を行った提出会社の責任を中心に―」
　　　　　報告者　太田　洋　西村あさひ法律事務所パートナー・弁護士

第54号「適合性の原則」 2016年3月
　　　　　報告者　川口恭弘　同志社大学大学院法学研究科教授

第55号「金商法の観点から見たコーポレートガバナンス・コード」 2016年5月
　　　　　報告者　神作裕之　東京大学大学院法学政治学研究科教授

第56号「EUにおける投資型クラウドファンディング規制」 2016年7月
　　　　　報告者　松尾健一　大阪大学大学院法学研究科准教授

第57号「上場会社による種類株式の利用」 2016年9月
　　　　　報告者　加藤貴仁　東京大学大学院法学政治学研究科准教授

金融商品取引法研究会研究記録　第 71 号

会社法・証券法における分散台帳の利用
―デラウェア州会社法改正などを参考として

令和 2 年 2 月 13 日

定価（本体 500 円＋税）

編　者　　金 融 商 品 取 引 法 研 究 会
発行者　　公益財団法人　日本証券経済研究所
東京都中央区日本橋 2-11-2

〒 103-0027

電話　03（6225）2326 代表

URL: http://www.jsri.or.jp

ISBN978-4-89032-687-7 C3032 ¥500E